SPRINGER COMPASS

Herausgegeben von
G. R. Kofer P. Schnupp H. Strunz

Yukari Shirota Tosiyasu L. Kunii

UNIX
für Führungskräfte

Ein umfassender Überblick

Mit 147 überwiegend zweifarbigen Abbildungen

Springer-Verlag
Berlin Heidelberg New York
London Paris Tokyo

Yukari Shirota
Research Staff of Kunii Laboratory of Computer Science
Department of Information Science, Faculty of Science
The University of Tokyo

Prof. Dr. Tosiyasu L. Kunii
Department of Information Science, Faculty of Science
The University of Tokyo

Übersetzer:

Heinz Sterner, M. A.
EDV-Beratung Sterner
Brenscheder Straße 64, D-4630 Bochum 1

Titel der englischen Originalausgabe: *First Book on UNIX™ for Executives.*
Springer-Verlag Tokyo Berlin Heidelberg New York 1984.

UNIX ist ein Warenzeichen von AT&T Bell Laboratories

ISBN-13: 978-3-642-48343-1 e-ISBN-13: 978-3-642-48342-4
DOI: 10.1007/978-3-642-48342-4

CIP-Kurztitelaufnahme der Deutschen Bibliothek

Shirota, Yukari: UNIX für Führungskräfte : e. umfassender Überblick / Yukari Shirota ; Tosiyasu L. Kunii. [Übers.: Heinz Sterner]. - Berlin ; Heidelberg ; New York ; London ; Paris ; Tokyo : Springer, 1987.
(Springer Compass)
Engl. Ausg. u. d. T.: Shirota, Yukari: First book on UNIX for executives

NE: Kunii, Tosiyasu L.:

Softcover reprint of the hardcover 1st edition 1987

Datenkonvertierung, Satz und Bindearbeiten: Appl, Wemding. Druck: aprinta, Wemding
2145/3140-543210

Gewidmet Hideko S. Kunii
und dem Andenken an Kazue Ishii

Vorwort des Herausgebers

Japaner sind bekanntlich pragmatisch. Und sie verstehen viel vom praktischen Einsatz von Rechnern, insbesondere (aber natürlich nicht nur) kleinen Arbeitsplatz- und mittleren Abteilungsrechnern. Das hat man inzwischen auch im Westen gemerkt.

Daß die pragmatischen Japaner auf diesem Gebiet manche westliche Konkurrenz das Fürchten lehren, liegt auch (aber natürlich wiederum nicht nur) an ihrem Gespür für gute Problemlösungen und ihrem Wissen darum, wie man sie verkauft.

Zu diesem Wissen gehört, daß man ein neues, besseres Softwareprodukt nicht nur den Technikern, sondern vor allem auch den Managern erklären muß. Denn diese sind es ja letztlich, die verstehen müssen, warum es welche Aufgaben besser löst als frühere Produkte. Kaum ein Manager ist bereit, nur deshalb viel Geld für die Installation neuer Hard- und Software auszugeben, weil seine Techniker sie gerne haben möchten. Wer sichert ihn sonst auch dagegen, daß er nicht eines Tages in seiner Organisation (zum Beispiel) eine vollautomatisierte Modelleisenbahn für die Postverteilung vorfindet?

Das Buch, dessen deutsche Übersetzung wir Ihnen hiermit vorlegen können, vermittelt genau das hier nötige Fachwissen. Wenn Sie ein Manager sind, erklärt es Ihnen, was man mit UNIX alles machen kann, wieso es leistungs- und anpassungsfähiger ist als seine älteren Konkurrenten, und damit natürlich auch, warum Ihre Techniker es (vermutlich) so gerne haben möchten.

Sind Sie andererseits Software-Techniker oder Systemverkäufer, dann gibt Ihnen dieses Buch das Wissen an die Hand, das Sie in Ergänzung zu Ihren technischen Kenntnissen brauchen, um ein Management von UNIX zu überzeugen. Es zeigt Ihnen UNIX aus der Anwendungssicht dieses Managements. Und das ist der Standpunkt, den Sie einnehmen sollten, wenn Sie befürchten, daß der Unterschied zwischen UNIX und der einen oder anderen berühmten Spielzeugmarke den Ihnen gegenübersitzenden Nicht-Technikern vielleicht doch nicht ganz klar ist (wenn sie als wohlerzogene Gesprächspartner es sich auch nicht direkt zu sagen trauen).

Um nun wenigstens am Ende dieses Vorworts so seriös zu werden, wie es das Thema tatsächlich verdient: Es ist wichtig, daß auch und vor allem das Management die Anwendungseigenschaften neuer Software und Hardware versteht.

Inzwischen weiß auch jeder Nicht-Techniker, daß das Teuerste an der EDV nicht die Erstbeschaffung von Computern und Programmen ist - auch wenn diese schon manchen Finanzmanager hat erbleichen lassen. Richtig ins Geld geht es erst dann, wenn man zwischen zwei Stühlen sitzt: wenn man eine falsche oder veraltete Hardware hat, und wenn man die auf ihr laufenden Anwendungen nicht leicht auf eine bessere portieren kann.

Weil UNIX hier eine Lösung bietet, gibt es seit einigen Jahren bei Computerherstellern und Anwendern einen immer stärkeren Trend zu diesem System. Das fordert eine nicht beliebig lang aufzuschiebende Entscheidung bei jedem DV-Anwender. Wann und in welchen Bereichen soll er auf UNIX umsteigen? Oder soll er vielleicht doch lieber gar nicht...?

Es ist eine Entscheidung, die teuer wird, gleichgültig wie er sie fällt. Also ist es vor allem eine Managemententscheidung.

Damit der Manager sie nicht völlig ohne Gefühl für das treffen muß, was er seinen Technikern eigentlich bewilligt oder verweigert: deshalb schrieben die pragmatischen Japaner dieses Buch. Und deshalb bringen wir Ihnen seine Übersetzung.

Peter Schnupp

Vorwort

Eine gute Einführung in ein neues Produkt oder Konzept ist lebenswichtig. Dies gilt ganz besonders für ein so vielseitiges Software-System wie UNIX. UNIX bietet die Stärke und die Fähigkeiten, die Ihren Computer hart für Sie arbeiten lassen. Es kann Ihnen beim Erstellen von Software helfen, und es kann Ihnen helfen, die Einrichtungen Ihres automatischen Büros zum Entwerfen und Bearbeiten von Dokumenten zu nutzen. Für Ihre Einführung in UNIX wünschen Sie sich ein umfassendes und überschaubares Buch. Genau das soll das vorliegende Buch sein. Dieses Buch wurde für Computerlaien geschrieben, insbesondere für solche in leitenden Positionen, Verwaltungsfachleute und Manager, die ihre Softwarespezialisten und Experten sinnvoller einsetzen möchten.

Die Entstehungsgeschichte dieses Springer-Buches ist eine Geschichte für sich. Im Jahre 1980 wollte der Gründer und Präsident einer der erfolgreichen Mikrocomputerfirmen, Kazue Ishii von CEC, etwas beginnen, das brillant, anspruchsvoll und innovativ sein und beständig wachsen sollte. Von vielen Vorschlägen akzeptierte er schließlich den meinen. Der Vorschlag bestand darin, eine Familie von Netzwerk-Arbeitsplätzen für Computer-unterstütztes Entwerfen/Herstellen und Büro-Automation zu bauen. UNIX wurde als Software-Werkzeug verwendet. Für ihn war es allerdings ziemlich schwierig, zu verstehen, wofür UNIX gut ist und wie gut es ist...

Ich verwandte eine beträchtliche Zeit darauf, zusammen mit Frau Yukari Shirota, einer bekannten Computer-Journalistin, dieses Buch für ihn zusammenzustellen. Ich fand das Buch allgemein nützlich für Leute in leitenden Positionen, Manager, Planer und Verwaltungsfachleute, deren Fachwissen nicht im Bereich der Software-Entwicklung liegt. Dr. Heinz Götze, Geschäftsführer des Springer-Verlages, gefiel dieses Buch persönlich, und er beschloß, es zu publizieren. Dr. Harald Solomon, ein Experte für geophysikalische Flüssigdynamik, übersetzte die japanische Originalausgabe ins Englische. Dr. Lou Katz, Präsident der USENIX-Gesellschaft, die eine der größten Gesellschaften der Welt für professionelle UNIX-Anwendungen ist, überarbeitete die Übersetzung in Zusammenarbeit mit mir. Das Ergebnis, das Sie durch das Wunderland von UNIX führen soll, halten Sie nun in Ihrer Hand.

Ich hoffe, daß Ihnen dieses Buch gefallen wird, und daß Sie UNIX bei der ersten Gelegenheit ausprobieren werden, die sich Ihnen bietet.

Tosiyasu L. Kunii

Inhaltsverzeichnis

Kapitel 1 Warum UNIX?

Kapitel 2 Computer-Grundlagen

Kapitel 3 Beispiele für die Anwendung von UNIX

Büro-Automatisierung

Kapitel 1
Warum UNIX ?

Die Verbreitung von UNIX

UNIX wurde von Ken Thompson, Dennis Ritchie und Mitarbeitern 1969 in den Bell Telephone Laboratories entwickelt. Die ursprüngliche Version wurde für den Minicomputer PDP-7 von Digital Equipment Corporation (DEC) geschrieben.

UNIX ist ein Betriebssystem, ein Steuerungs-Programm, mit dem Sie Ihren Computer effektiver nutzen können.

Thompson hatte ursprünglich einen persönlichen Grund für die Entwicklung von UNIX. Zu der Zeit, als er dieses Programmpaket entwickelte, waren alle existierenden Betriebssysteme schwierig zu benutzen, und er wollte eins für seinen eigenen Gebrauch, das eine komfortablere Programmier-Umgebung schaffen sollte.

UNIX wurde ein sehr gutes Betriebssystem; darum benutzten es auch andere Leute. Die Zahl der Benutzer in den Bell Laboratories wuchs allmählich an; viele fügten ihre eigenen Verbesserungen hinzu, so daß ein noch besseres Betriebssystem daraus wurde. Da viele Leute Verbesserungen zu UNIX hinzufügten, nahm die Zahl der Programme, die von UNIX gesteuert werden können (der Einfachheit halber sprechen wir von Programmen, die unter UNIX laufen), ständig zu.

Außerhalb der Bell Laboratories wurde UNIX zum ersten Mal auf einem Minicomputer der Serie PDP-11 von DEC benutzt. Nach und nach wurde UNIX dann auch für andere Computer als die DEC PDP-11 Serie angepaßt. Es läuft nun auf dem Amdahl VM/370, der BBN Computer C-Maschine, dem Perkin-Elmer Interdata 8/32, der IBM 360/370 Serie und den „Super-Minicomputern“ der VAX-Serie, die weiterentwickelte Versionen der PDP-11 sind.

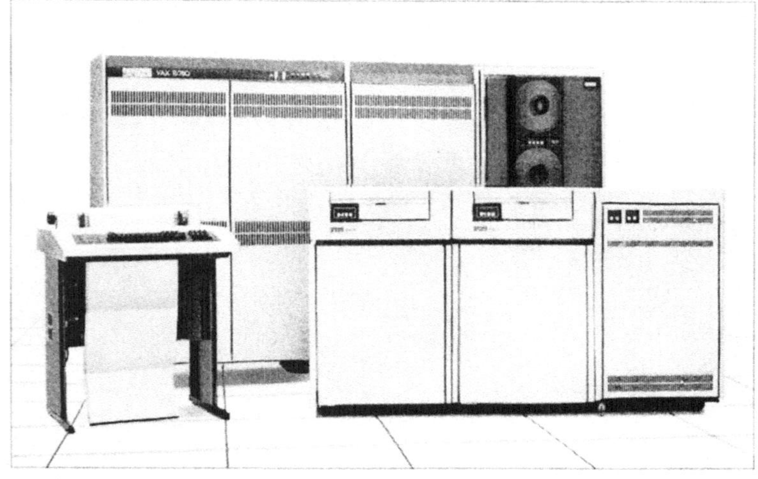

Der Super-Minicomputer VAX-11/780 von DEC. UNIX läuft auf den Computern aus der VAX-Serie

Ein Computer der CEC8000 SUPERBASE-Serie in einem Büro

Da das Betriebssystem UNIX sehr einfach zu benutzen ist, hatte sein Entwurfskonzept einen großen Einfluß auf Betriebssysteme für Mikrocomputer. Die folgenden Mikrocomputer-Betriebssysteme basieren z. B. auf UNIX: das OS-9 System, das von Microware Systems für die 8-Bit CPU 6809 entwickelt wurde, das Decision-I Z80 System, das von Morrow designs produziert wurde, und Cromix, das auf der 8-Bit CPU Z80 auf dem Cromemco Mikrocomputer-System läuft. Wenn UNIX auf einer 8-Bit CPU läuft, nimmt zwar die Belastung der CPU zu, aber es gibt eine Anzahl von Mikrocomputern, bei denen ein UNIX-artiges Betriebssystem auf einer 8-Bit CPU läuft. Da inzwischen in immer mehr Mikrocomputern eine 16-Bit anstelle einer 8-Bit CPU benutzt wird, lautet die Entscheidung für ein Betriebssystem immer häufiger **„Natürlich UNIX!“**. In Werbeschriften für 16-Bit CPUs wie 8086, Z8000 und 68000 wird deren UNIX-Anpassung fast immer besonders hervorgehoben.

Auch einige Mikrocomputer, die in Japan entwickelt wurden, benutzen UNIX. Ein Beispiel ist der CEC8000 von Chuo Electronics Company, der die Z8000 CPU benutzt. In Amerika bieten Softwarefirmen wie Microsoft, Interactive und UniSoft UNIX-ähnliche Betriebssysteme. Zu den Maschinen, auf denen UNIX läuft, gehört der Onyx C8002 (mit einer Z8000 CPU), das Zilog System 8000 (ebenfalls mit einer Z8000 CPU) und viele andere.

Seit kurzem wird UNIX als Betriebssystem für eine Reihe von Personal Computern benutzt, darunter der IBM PC und die „Lisa“ von Apple. Diese Computer werden die Zahl der UNIX-Fans sicher erhöhen. Die UCB (University of California, Berkeley) Version 4.2 BSD läuft auf dem Sun Mikrosystem Sun Workstation (mit 68000 CPUs). UNIX wird auch auf dem Hewlett-Packard HP-9000 (mit 32-Bit CPUs) benutzt. Von den UNIX-ähnlichen Systemen is IDRIS von Whithesmiths weitverbreitet, und der 32-Bit Super-Minicomputer Apollo Domain (mit 68000 CPUs), der von Apollo produziert wird, ist durch UNIX stark beeinflußt.

Wenn ein Betriebssystem von so vielen Menschen und Maschinen benutzt wird, ergeben sich mehrere Vorteile für den Benutzer. Ein entscheidender Vorteil

UNIX wird auf vielen Computern als Betriebssystem benutzt: sowohl auf Großrechnern bis hin zu Mini- und Mikrocomputern.

ist der, daß - auch bei unterschiedlicher Computer-Hardware - die Bedienung der Computer sich nicht unterscheidet, wenn sie unter dem gleichen Betriebssystem laufen. Wenn Sie daher den Umgang mit einem solchen Computer erlernen, erlernen Sie gleichzeitig die Bedienung vieler anderer Computer. Für ein Standard-Betriebssystem gibt es viele Programme. Deshalb ist es für den Benutzer wichtig zu wissen, welches Betriebssystem das am weitesten verbreitete sein wird.

UNIX ist inzwischen weit verbreitet auf einer Vielzahl von Computern, von Großrechnern wie der IBM 370 Serie bis hin zu Mikrocomputern. Die Beliebtheit von UNIX hängt nicht von der Größe des Computers ab. Die Ausbreitung dieses Systems, das ursprünglich nur in den Bell Laboratories benutzt wurde, auf einen großen Anwenderkreis ist der Beweis dafür, daß es ein hervorragendes, leicht benutzbares Betriebssystem ist.

In Amerika benutzen und verkaufen die meisten Computerfirmen bereits UNIX und UNIX-ähnliche Betriebssysteme. Es ist weit verbreitet in der Büro-Automatisierung. Eine der ersten Büro-Automatisierungs-Firmen der USA, Interactive Systems, hat ein Softwaresystem - IS/1 - zur Büro-Automatisierung geschaffen, das auf UNIX basiert, und es wurde ein Verkaufserfolg. Beinahe sämtliche Universitäts-Abteilungen für Computerwissenschaft benutzen UNIX in Forschung und Lehre. Es besteht kein Zweifel, daß die Popularität des Betriebssystems UNIX in Zukunft zunehmen wird.

Was ist UNIX?

Das Konzept eines **Betriebssystems** (abgekürzt BS; engl.: operating system, abgekürzt OS) ist schwierig zu erklären. Im wesentlichen ist ein Betriebssystem ein Programm, das einen Computer überwacht, und es ist notwendig für den effizienten Gebrauch eines Computers, damit dieser überhaupt von praktischem Nutzen ist. Die eigentliche Computeranlage (die „Hardware") sowie die individuellen Anwendungsprogramme (die „Anwendungs-Software") sind für den Betrieb des Computers allein nicht ausreichend. Um eine Anweisung an den Computer übertragen zu können und von ihm ausführen zu lassen, wird zusätzlich ein Programm benötigt, das den Computer überwacht. Ein gutes Beispiel hierfür ist eine Firma oder eine Behörde, in der es nicht genügt, daß nur die Leute da sind, die die eigentliche Arbeit erledigen; zusätzlich werden auch Verwalter benötigt, die den Organisationsablauf regeln.

Es gibt verschiedene Arten von Betriebssystemen für verschiedene Zwecke und Computersysteme.

UNIX besitzt die folgenden Eigenschaften:

1. Es ist universell.
2. Es unterstützt mehrere Benutzer (multi-user).
3. Es ist interaktiv.
4. Es ist ein Teilnehmerrechensystem (time sharing).
5. Es ermöglicht die Parallelverarbeitung von Programmen (multi-programming).

Sehen wir uns einmal näher an, was damit gemeint ist:

1. Ein **universelles** Betriebssystem ist nicht nur für eine bestimmte Anwendung vorgesehen, sondern kann für viele verschiedene Anwendungen benutzt werden. In einem Fall kann es für die Büro-Automatisierung benutzt werden, in einem anderen Fall zur Steuerung von Experimentier-Einrichtungen und in einem dritten Fall zur Entwicklung neuer Programme.
2. Ein **Multi-User** System erlaubt es verschiedenen Benutzern gleichzeitig, einen Computer zu benutzen. Unter UNIX ist es möglich, daß mehrere Terminals an einen Computer angeschlossen werden. Jeder Benutzer verfügt ganz allein über sein Terminal, von dem aus er oder sie dem Computer Anweisungen gibt. Sobald ein Benutzer eine Anweisung über das Terminal eingibt, erhält er sofort eine Rückmeldung vom Computer.

Die Programmentwicklung ist einfach | UNIX kann zur Textverarbeitung benutzt werden | UNIX kann für die Büro-Automation benutzt werden | Das Schreiben von mathematischen Dokumenten ist einfach

Da UNIX ein universelles Betriebssystem ist, kann es für viele verschiedene Aufgaben benutzt werden.

3. Ein **interaktives** System gestattet eine „Unterhaltung" zwischen dem Benutzer und der CPU. Dieser Dialog kann auf dem Bildschirm (CRT, cathode ray tube: Bildröhre, ähnlich einem Fernseh-Bildschirm) angezeigt werden oder über einen Drucker auf Papier ausgegeben werden.
4. **Time sharing** bedeutet, daß zwei oder mehr Programmaufträge zur gleichen Zeit auf einem Computer ausgeführt werden. Dabei wird jedem Auftrag (job) der Reihe nach ein kleines Stück der CPU-Rechenzeit zugeteilt. Der Computer führt jeweils nur einen Teil eines Auftrags durch. Das Betriebssystem muß darüber Buch führen, wie weit ein Auftrag bearbeitet ist, und die Bearbeitung wieder aufnehmen, wenn der Auftrag wieder an der Reihe ist. Die Geschwindigkeit, mit der ein menschliches Wesen einen Computer mit Eingaben versorgen kann, ist sehr gering im Vergleich zu der Geschwindigkeit, mit der ein Computer sie verarbeiten kann. Während der Zeit, die der Mensch braucht, um seine Eingaben einzutippen, kann der Computer andere Aufgaben erledigen und dann wieder zu der Eingabe zurückkehren. Dies bedeutet, daß der einzelne Benutzer nicht befürchten muß, daß sich für ihn längere Wartezeiten ergeben. Auf diese Weise wird die - ohne Time sharing auftretende - Vergeudung von CPU-Zeit vermieden. **Time-sharing-System** wird manchmal mit TSS abgekürzt.

Interaktiv | **Time sharing**

Der Benutzer „spricht" mit dem Computer durch ein Terminal

UNIX teilt die Rechenzeit in sehr kurze Segmente ein und arbeitet gleichzeitig etwas an jeder Aufgabe. Dies wird als Time sharing bezeichnet

5. Das Konzept des **Multi-Programming** basiert auf den Benutzeraufträgen (jobs) und den Aufgaben (tasks) des Computers. Aus der Sicht eines Computers (genauer: einer CPU) ist eine Aufgabe eine Arbeitseinheit. Vom Standpunkt des Benutzers aus ist eine Arbeitseinheit ein Auftrag (Programm) oder ein Kommando. Ein Auftrag besteht aus einer Aufgabe oder aus mehreren Aufgaben, und eine Aufgabe kann wiederum andere Aufgaben aufrufen. Ein Multi-programming (oder Multi-job) System erlaubt einem einzelnen Benutzer, mehrere Programme (jobs) gleichzeitig laufen zu lassen. Ein Benutzer kann eine Aufgabe beginnen, bevor die vorige Aufgabe beendet ist.

Anwendungen von UNIX

Für ein universelles Betriebssystem wie UNIX gibt es viele Anwendungsmöglichkeiten. Ein **Programmierer** (eine Person, die Computerprogramme erstellt) kann UNIX als Programm-Entwicklungssystem benutzen. UNIX bietet viele Hilfsmittel für die Programm-Entwicklung. Der **Editor** zum Beispiel dient dazu, ein Programm über eine Tastatur einzugeben. Dies ist ein wichtiger Faktor in der Benutzung eines Computers. Wenn der Editor nicht richtig benutzt wird, leidet die Effektivität der Arbeit beträchtlich. Weiterhin gibt es in UNIX viele Systeme zur Verarbeitung von Computersprachen (wie COBOL, FORTRAN, Pascal, C usw.). Andere Hilfsmittel, wie Debugger (Programm zur Fehlerbeseitigung) und Compiler-Compiler stehen zur Unterstützung der Programm-Entwicklung ebenfalls zur Verfügung.

Das UNIX-System kann für die Büro-Automatisierung verwendet werden. UNIX besitzt die Fähigkeit, sich wie ein leistungsfähiges **Textsystem** zu verhalten. Briefe, Dokumente usw. können einfach erstellt und gespeichert werden. Die Dokumente können in beliebigem Format angeordnet und anschließend als wohlformatierte Texte an ein beliebiges Ausgabegerät - wie Drucker oder Fotosatzanlage - geschickt werden.

Außerdem gibt es ein Formatierungs-Paket für algebraische Formeln, mit dem auf komfortable Weise Dokumente in den Natur- und Ingenieurwissenschaften erstellt werden können. Komplizierte Ausdrücke wie

$$\sum_{m=1}^{N} \frac{e^{-Am}}{1-e^{-Ax}} \{\sin(\pi m x) + m \cos(\pi m x)\}^2$$

können mit normalem Text zusammen verarbeitet werden.

Daneben gibt es viele spezielle Programme zur Anwendung bei der Aufbereitung von formatierten Dokumenttexten, zur Erkennung und Korrektur von Rechtschreibefehlern usw.

UNIX gestattet es den Benutzern, durch elektronische Post miteinander zu kommunizieren. Wenn ein Benutzer den Betrieb seines Computerterminals aufnimmt, teilt ihm der Computer zunächst mit, ob Briefe für ihn eingetroffen sind. Der Benutzer kann die Post dann lesen und speichern oder löschen. Die elektronische Post ist ein sehr komfortables Mittel für die Kommunikation zwischen regelmäßigen Computer-Anwendern. Da ein Brief auch an mehrere Adressaten gleichzeitig geschickt werden kann, kann der Benutzer mit einer einzigen Operation Informationen verteilen: Berichte zur Projekt-Entwicklung, interne Firmenberichte, Terminvereinbarungen, Einladungen zu Picknicks oder Parties usw.

Außerdem kann ein Benutzer mit anderen über das Terminal kommunizieren. Seine Nachricht wird auf den Bildschirm des anderen Terminals geschickt, sobald er etwas eingibt. Wenn der Empfänger der Meldung den Computer gerade benutzt, wird seine Arbeit unterbrochen und es wird ihm mitgeteilt, daß eine Nachricht für ihn vorliegt. Wenn der Empfänger den Computer nicht benutzt oder mit anderer Arbeit beschäftigt ist, wird die Nachricht im Computer gespeichert, so daß sie zu beliebiger Zeit wieder abgerufen werden kann.

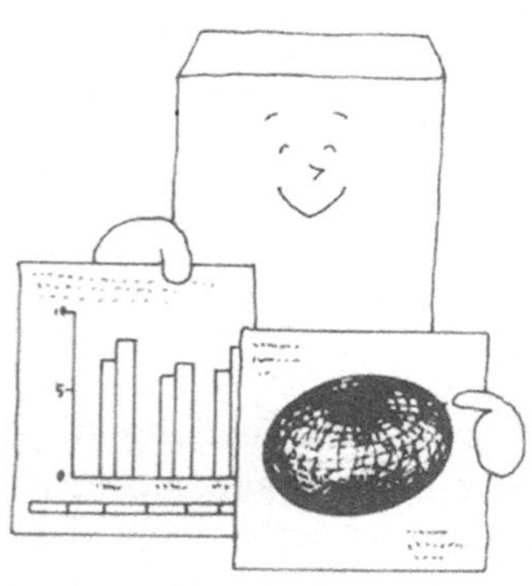

Wenn Sie den Computer mit grafikfähiger Hardware verbinden, können Sie wunderschöne Computergrafiken erzeugen

UNIX bietet Datenbankeigenschaften. Eingegebene Informationen werden als Datenbank gespeichert. Dazu gibt es die An-

UNIX bietet viele Werkzeuge zur Programmentwicklung

weisungen, die zum Suchen, Wiederauffinden und Verarbeiten von Informationen in der Datenbank erforderlich sind. UNIX bietet auch die Möglichkeiten zur Aufbereitung beliebiger Grafiken, soweit dies von der Hardware unterstützt wird. Diagramme und grafische Darstellungen von Experimentier-Ergebnissen sowie Geschäfts-Daten vermitteln einen größeren visuellen Eindruck und erleichtern die Informationsaufnahme gegenüber Daten, die nicht in grafischer Form dargestellt werden.

UNIX eignet sich gut für die Computersteuerung experimentieller Einrichtungen und Produktionsmaschinen, da die Verbindungen zwischen unterschiedlichen Geräten relativ einfach durch vom Benutzer definierte Geräte-Treiber hergestellt werden können.

Schließlich gibt es auch Spielprogramme für das UNIX-System.

Eigenschaften von UNIX

Das ursprüngliche UNIX-Konzept war das eines Betriebssystems, das es dem individuellen Benutzer ermöglichen sollte, alles mit dem Computer zu machen, was er wollte. An erster Stelle steht bei UNIX die Effektivität der Programmierung. Verglichen mit vielen vorhergehenden Betriebssystemen, deren Hauptziel die effiziente Nutzung der Hardware war, liegt das Hauptziel von UNIX darin, die Effizienz der Person zu erhöhen, die die Programmierung durchführt. Da UNIX jedoch weiter entwickelt wird, wird auch eine Reihe von Ergänzungen hinzukommen, die es erlauben, auch die Hardware effizienter zu nutzen. Beispielsweise kann die Blockgröße bei der Speicherung von Daten dem Anwendungsprogramm des Benutzers angepaßt werden, so daß der Plattenzugriff optimiert werden kann.

Ein **Kommando** ist eine Anweisung, die innerhalb des Dialogs Mensch-Maschine benutzt wird. Die Kommandos bei den einzelnen Betriebssystemen sind unterschiedlich; jemand, der zum ersten Mal mit einem Betriebssystem umgeht, muß daher dessen spezielle Kommandos erlernen. Das Kommandosystem von UNIX ist einfach. Wenn man es einmal erlernt hat, macht es Spaß, damit umzugehen. Allerdings gibt es nur wenige Meldungen des Computers für den Programmierer. Diese Meldungen beschränken sich hauptsächlich auf solche Fälle, in denen der Programmierer einen Fehler macht. Wegen dieser Eigenschaft rich-

tet sich UNIX eher an den fortgeschrittenen Programmierer als an den Anfänger. Für einen erfahrenen Programmierer ist das Programmieren leichter, wenn er nicht zu viele Meldungen erhält, wogegen der Anfänger möglicherweise lieber eine Rückmeldung über seine Eingaben erhalten würde.

Als ein hervorragendes Programm-Entwicklungssystem erleichtert UNIX die Entwicklung von Programmen, die unter diesem Betriebssystem laufen. Da sich unter den UNIX-Anwendern sowohl Universitätsabteilungen für Computerwissenschaft wie auch kommerzielle Programmierer in führenden Firmen befinden - darunter natürlich die in den Bell Laboratories -, hat die Menge hochqualitativer Software, die mit UNIX entwickelt wurde, beständig zugenommen.

Unter UNIX ist es für einen Programmierer auch leicht, Programme zu benutzen, die von anderen entwickelt wurden. Früher kam es selten vor, daß ein Programmierer ein Programm benutzte, das von einem anderen Programmierer entwickelt worden war; es war üblicher, daß jeder Programmierer sein eigenes Programm schrieb, selbst dann, wenn die Programme im wesentlichen inhaltlich übereinstimmten. Dies führte zu sehr vielen unnötigen Bemühungen. Ohne spezielle Instruktionen war es schwierig, das Programm eines anderen zu benutzen. UNIX gestattet es einem Benutzer, Programme zu benutzen, die andere geschrieben haben. Ein gutes Beispiel hierfür sind Spielprogramme wie Schach und Rogue. Außerdem können Benutzer ihre selbst-definierten Kommandos den UNIX-Kommandos leicht hinzufügen. Dies kann einfach dadurch erfolgen, daß die Datei mit den vom Benutzer definierten Kommandos in einem allgemein zugänglichen Bereich gespeichert wird. Diese Kommandos werden als Gemeingut angesehen und sind weit verbreitet.

Gelegentlich gibt es jedoch Programme oder Daten, bei denen man nicht möchte, daß sie von anderen gesehen, benutzt oder verändert werden. UNIX besitzt einen Schutzmechanismus für solche Fälle; der Entwickler eines Programms kann bestimmte Beschränkungen einbauen. Er kann die Benutzung, das Lesen oder Schreiben (Änderungen und Löschungen) unterbinden; die Erlaubnis für jede dieser Aktionen kann ausschließlich auf den Benutzer oder eine bestimmte Gruppe beschränkt sein. Wenn z.B. mehrere Leute eine Projektgruppe bilden und ein geheimes Programm erstellen, kann die Zugriffsberechtigung für die Programme auf diese Gruppe eingeschränkt werden.

Wenn ein Benutzer mit UNIX arbeitet, wird er die erforderliche Programmierung kaum von Grund auf allein durchführen. UNIX bietet eine Anzahl von komfortablen Hilfsmitteln (tools) zur Entwicklung von Software, und manchmal reicht es aus, diese miteinander zu kombinieren. (Tatsächlich ist dies während der aktuellen Entwicklung von UNIX mehrfach vorgekommen.) Zwei oder mehr zuvor schon entwickelte Hilfsprogramme werden kombiniert und bilden ein komplizierteres Hilfsprogramm; ähnlich kann eine Anzahl bereits existierender Kommandos miteinander kombiniert werden, um ein spezielleres Kommando für eine eigene Anwendung zu erhalten.

Kommandos können in UNIX leicht kombiniert werden, da die Ein- und Ausgaben der meisten Kommandos in UNIX (korrekt heißen sie Standardeingabe bzw. Standardausgabe) perfekt aufeinander abgestimmt sind. Darum muß man sich in UNIX keine Gedanken über ein Problem machen, das so oft im Zusammenhang mit anderen Betriebssystemem auftritt: sollen zwei Programme miteinander verbunden werden (so daß die Ausgabe des einen Programms zur Eingabe des anderen wird), zwingen die unterschiedlichen Standardisierungen der Verbindungsteile den Programmierer dazu, viele Stunden dafür zu investieren, sie aufeinander abzustimmen. Die Verbindungen in UNIX hingegen sind einheitlich, so daß Verbindungen leicht herzustellen sind. (Weitere Einzelheiten zu diesem Thema finden Sie in den Erklärungen zu „Datenfluß und Pipelines" in Kapitel 4.)

Einer der Hauptgründe für die Popularität von UNIX ist die Freizügigkeit dieses Betriebssystems. Da das Quellenprogramm von UNIX in einer höheren Programmiersprache geschrieben und gegen Zahlung einer Gebühr erhältlich ist, kann ein ernsthaft interessierter Programmierer es studieren und die Verbesserungen anbringen, die er benötigt. Dies ist ein großer Vorteil für Programmierer, die mit den Spezifikationen kommerziell verfügbarer Betriebssysteme unzufrieden sind. Die meisten Universitäten haben das Quellenprogramm erworben. Ein gutes Beispiel für ein solches modifiziertes System ist die UCB Version von UNIX. Natürlich wollen nicht alle Programmierer vollständig neue Versionen entwickeln; vielleicht mag jemand nur ein bestimmtes Kommando nicht. Ein neues Kommando, das ein Programmierer macht, kann vertrieben werden, so daß es allen UNIX-Benutzern zur Verfügung steht. Derartige Modifikationen sind mit UNIX sehr leicht möglich; deshalb befindet sich das System in ständiger Entwicklung. Einige Leute beklagen, daß dadurch die Bezeichnungen der UNIX-Kommandos inkonsistent werden und deshalb schwierig zu erlernen sind. Auch die Abkürzungen (zum Beispiel: list als **ls**) unterscheiden sich deutlich von den Konventionen, die in anderen Betriebssystemen üblich sind. Ein Benutzer kann ein Kommando jedoch jederzeit umbenennen und seine eigene Lieblingsbezeichnung verwenden.

Da UNIX ein **Multi-User**-Betriebssystem ist, kann es von mehreren Leuten gleichzeitig benutzt werden, sofern die entsprechende Anzahl von Terminals mit einem Computer verbunden ist. Die größten Vorteile ergeben sich bei der Anwendung von UNIX in einem Büro, Forschungslabor oder Geschäft, wenn mehrere Personen den Computer gleichzeitig nutzen.

UNIX gestattet es einem Benutzer auch, mehrere Aufträge (jobs) gleichzeitig auszuführen. Dies wird **Multi-Programming** genannt. Ein Auftrag, der für den Benutzer sichtbar ist (die Tastatureingabe bezieht sich immer auf diesen Auftrag), wird in UNIX **Vordergrundauftrag** genannt. Entsprechend heißen die anderen Aufträge, die vom Terminal unabhängig sind und sich hinter den Kulissen abspielen, **Hintergrundaufträge**. Der grundsätzliche Vorteil des Multiprogramming-Konzeptes liegt darin, daß ein zeitaufwendiger Auftrag gestartet werden

Multi-User

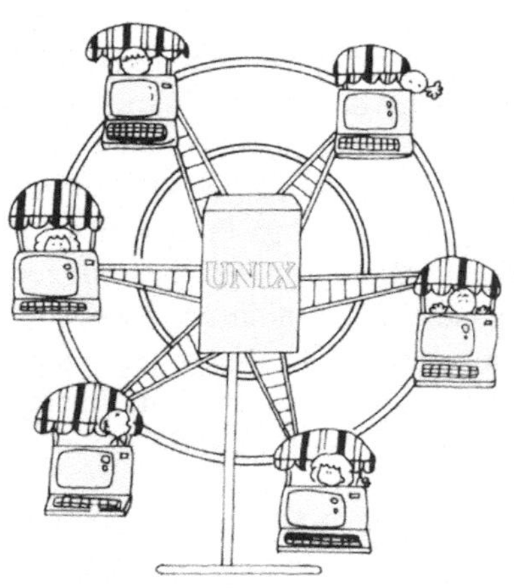

Ein Multi-User-System kann von vielen Personen gleichzeitig benutzt werden. Das heißt, daß mehrere Terminals mit einem Zentralcomputer verbunden sind

Multi-Programming

Ein Benutzer kann mit UNIX mehrere Jobs (Programme) gleichzeitig ausführen lassen. Deshalb spricht man von einem Multi-Programming-System

kann und dann im Hintergrund abläuft, während der Benutzer mit einem anderen Programm weiterarbeitet. Wenn z. B. ein langer Text über den Drucker ausgegeben wird, kann der nächste Text bereits über die Tastatur eingegeben werden. Das Druckprogramm arbeitet also als Hintergrundauftrag, und die Eingabe erfolgt als Vordergrundauftrag. Da jedoch die Speicherkapazität des Computers begrenzt ist, verlangsamt sich die Verarbeitungsgeschwindigkeit, wenn zu viele Benutzer versuchen, zu viele Aufträge gleichzeitig ablaufen zu lassen.

Die Geschichte von UNIX

Die Bell Laboratories, in denen UNIX geboren wurde, sind ein sehr großes, weltbekanntes Laboratorium in New Jersey. Seit der Gründung im Jahre 1925 ist es führend in der Welt der Kommunikationsforschung.

1969, als UNIX entwickelt wurde, benutzte die Forschungsabteilung der Bell Laboratories für Computerwissenschaft ein Betriebssystem namens Multics, das auf einem General Electric 645 Computer lief. Ken Thompson, ein Multics-Benutzer, wollte ein Betriebssystem, das leichter zu benutzen war. Deshalb entwik-

Der DEC PDP-11/23 Minicomputer

kelte er ein neues für sich selbst. Dieses Betriebssystem, genannt UNIX, wurde entwickelt, um die Programm-Entwicklung zu vereinfachen, wenn mehrere Mitglieder einer Projektgruppe an einem einzigen Programm arbeiteten. Zudem sollte der Mensch-Maschine-Dialog vereinfacht werden, und das System sollte für Anfänger leichter zu benutzen sein.

Zu dieser Zeit entwickelte Thompson Programme auf einem DEC PDP-7 Minicomputer. Er benutzte den Minicomputer, da dies viel billiger war, als den großen General Electric 645 Computer zu benutzen. Da es jedoch nicht genügend Software für die PDP-7 gab, mußte er eigene entwickeln. Er machte sich daran, eine Programmierumgebung für den Minicomputer zu schaffen, die seinem Bedarf entsprach. Thompson entwickelte ein Betriebssystem, einen Assembler für die PDP-7 sowie eine Anzahl von Hilfsprogrammen. Da jedoch alle diese Programme in Assembler-Code geschrieben waren, konnten sie nicht einfach auf einen anderen Computer übertragen werden. Dies war unbequem, und deshalb entwickelte Thompson die höhere Programmiersprache **B** und schrieb nahezu alle vorhandenen Assemblerprogramme in B um.

Dennis Ritchie änderte B erheblich und schuf damit eine verbesserte Programmiersprache, die **C** genannt wurde. Er schrieb das gesamte UNIX Betriebssystem in C um. Typischerweise sind in C geschriebene Programme leicht von einem Computer auf einen anderen zu übertragen. Diese Eigenschaft wird Portabilität genannt. Da UNIX in C geschrieben ist, ist es auch portabel.

UNIX ist in der Sprache C geschrieben

Nachdem das Betriebssystem und die Sprache C entwickelt waren, nahm die Zahl der UNIX-Benutzer fortwährend zu. Diese Benutzer fügten dem Betriebssystem ihre eige-

Von AT&T herausgegebene UNIX-Systemprogramme

Name	Maschinen, auf denen es benutzt werden kann	Merkmale
MINI-UNIX	DEC PDP-11/10, 20, 34, 40	Eine „abgemagerte“ Version von Standard-UNIX; bis zu 13Programme können gleichzeitig laufen
UNIX/V7	DEC PDP-11/45, 70	Kann bis zu 40 Benutzer verwalten
UNIX/V6	DEC PDP-11/34, 40, 45, 70	Kann bis zu 40 Benutzer verwalten
UNIX/32V	DEC VAX-11/780	Die VAX-Version von V7; kann bis zu 40 Benutzer verwalten
WB/UNIX	DEC PDP-11/45, 70	Eine erweiterte Version von UNIX/V6; besitzt zusätzliche Möglichkeitenzur Verwendung als Entwicklungssystem
UNIX SYSTEM III	DEC PDP-11/23, 34, 44, 45, 70 VAX-11/780	System III = V7 + PWB + einige Extras; kann bis zu 48 Benutzerverwalten
UNIX SYSTEM V	PDP-11/70 VAX-11/780 VAX-11/750	Wird von AT&T unterstützt; besitzt erheblich erweiterteMöglichkeiten

nen Erweiterungen hinzu und erstellten neue Hilfsprogramme. Dies erweiterte die Fähigkeiten von UNIX und vervollständigte den Befehlssatz des Systems. Natürlich waren diese neuen Programme alle in der Sprache C geschrieben. Die Zahl der Anwendungsprogramme für Forschung und kommerzielle Bereiche, die unter UNIX liefen, nahm ebenfalls beständig zu.

Dann begann AT & T, eine der Eigentümerfirmen von Bell Laboratories, mit dem Verkauf der Systemprogrammlizenz für UNIX.

Selbst innerhalb des von AT & T produzierten UNIX-Systems gibt es eine Reihe von verschiedenen Versionen. Aus dem Diagramm ist ersichtlich, daß UNIX sich ständig entwickelt.

Neben den von AT & T angekündigten Versionen gibt es andere Versionen, die von der University of California in Berkeley (UCB) herausgegeben wurden. Dabei handelt es sich um weitere Modifikationen der AT & T-Versionen, die auch weite Verbreitung fanden. Diese Versionen enthalten die Buchstaben BSD (Berkeley Software Distribution) in ihren Namen.

Die UCB-Version für die PDP-11, die auf dem V7 von AT & T basiert, heißt 2 BSD, und die UCB-Version für VAX, die das Ergebnis einer weitergehenden Bearbeitung des 32 V von AT & T darstellt, heißt 4 BSD. Diese sind gegen Gebühr von den Inhabern der AT & T UNIX-Lizenz erhältlich. Zur Zeit sind die UCB-Versionen 4 BSD und 4.1BSD weit verbreitet; die Version 4.2BSD wurde Ende 1983 freigegeben.

Beziehung zwischen verschiedenen UNIX-Versionen

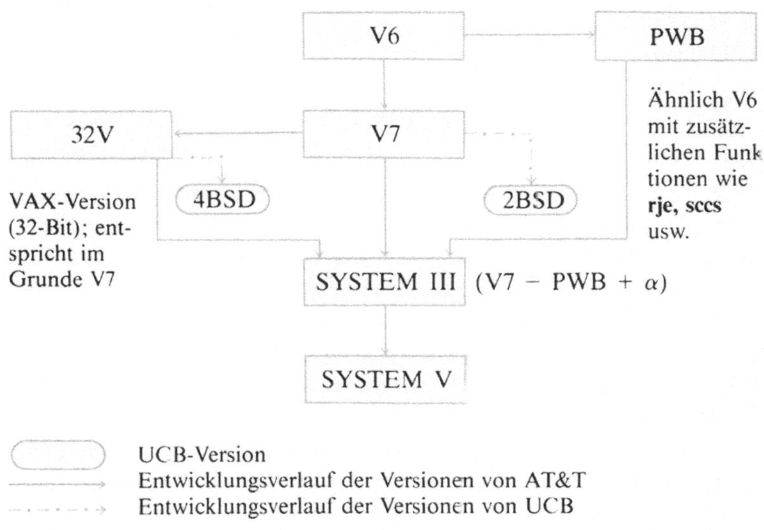

In den vier UCB-Versionen wurde UNIX um die Möglichkeit zur virtuellen Speicherverwaltung erweitert. Virtuelle Speicherverwaltung gibt dem Benutzer einen größeren Speicherbereich als den tatsächlichen (physikalischen). Der erste wird logischer Speicherraum genannt. Bei der virtuellen Speicherverwaltung wird automatisch auf externe Speichermedien - wie Festplatten - zugegriffen, deren Inhalte mit den Inhalten des Hauptspeichers ausgetauscht werden. Die Benutzer brauchen von diesem Austausch überhaupt nichts zu wissen. Sie können einfach so umfangreiche Programme machen, als hätten sie einen praktisch nahezu unbegrenzten Speicher.

Der Kommando-Interpreter „C-Shell" und der Bildschirm-Editor „vi" der UCB-Versionen sind besonders populär.

Lizenzen

Wenn man die AT & T-Version von UNIX benutzen will, muß man eine Lizenz von AT & T erwerben. Eine Firma, die eine Lizenz für kommerzielle Anwendungen erworben hat, wird möglicherweise UNIX generell auf ihre eigenen Computer oder die einer anderen Firma übertragen, um dann diese Kombination zu verkaufen. Hier eine kleine Auswahl von Firmen mit UNIX-Lizenzen:

Electronic Info System, Inc.
Interactive Systems, Inc.
Microsoft Corp.
UniSoft.
Wollongong Group, Inc.
Chuo Electronics Co., Ltd. (CEC)

Das System wird manchmal unter dem Namen UNIX verkauft, doch werden gelegentlich auch andere Namen verwendet. Microsoft z. B. nennt sein Betriebssytem XENIX, und Interactive nennt sein System IS/1. Microsoft hat sein XENIX auf die Hardware von Firmen wie CM Technologies, Codata System, Micro Dasys usw. übertragen. Interactive hat UNIX erweitert und eine Reihe von Funktionen zur Büro-Automatisierung hinzugefügt, um daraus IS/1 zu bilden. CEC benutzt UNIX als Betriebssystem für seinen eigenen Computer CEC8000 und verkauft den Computer zusammen mit dem Betriebssystem als Paket.

UNIX erlangte eine große Popularität dadurch, daß es auf DEC Minicomputern benutzt wurde. Nun sieht es so aus, daß DEC selbst damit beginnen will, UNIX zu verbessern.

UNIX wird unter verschiedenen Namen von verschiedenen Firmen verkauft

Kapitel 2
Computer-Grundlagen

Dieses Kapitel erklärt die grundlegenden Konzepte der Hardware, Software und Betriebssysteme von Computern sowie weitere Grundlagen.

Grundfunktionen eines Computers

Bevor ein Computer funktionieren kann, müssen ihm Informationen gegeben werden. Dazu gehören Anweisungen an den Computer, die ihm mitteilen, was er tun soll, sowie die Daten, die verarbeitet werden sollen. Der Vorgang, durch den der Computer diese Informationen erhält, wird **„Eingabe"** genannt. Diese Informationen werden im Computer gespeichert. Der Ort der Speicherung wird als **Speicherbereich** bezeichnet, und die Einheit, die den Speicherbereich enthält, wird **Speichereinheit** oder einfach **Speicher** genannt. Die Informationen werden gespeichert, bis der Computer sie benötigt. Dann werden sie an die **Zentraleinheit** (central processing unit, CPU) geschickt, wo sie verarbeitet werden. In der CPU werden die Anweisungen entschlüsselt und die Daten in entsprechender Weise verarbeitet. Zum Beispiel könnten die Anweisungen besagen, daß Daten aus einem bestimmten Speicherbereich in die CPU gebracht und dann mit bestimmten anderen Daten multipliziert werden sollen. Diese Art von Verarbeitung wird **Operation** genannt. Die von der CPU durchgeführten Operationen sind nicht auf die vier arithmetischen Grundoperationen Addition, Subtraktion, Multiplikation und Division beschränkt. Dazu kommen die Übertragung von Daten aus der CPU in den Speicher, das Laden von Daten in die CPU, das Vergleichen von Daten und das Fällen von Entscheidungen aufgrund des Ergebnisses usw.

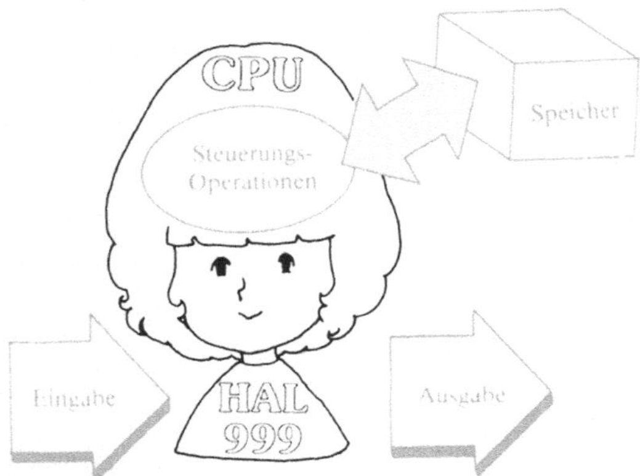

Grundfunktionen von Computern

Das Ergebnis einer Operation ergibt keinen Sinn, solange nicht irgendeine **Ausgabe** erfolgt. Manchmal wird ein Ergebnis so ausgegeben, daß es sofort für menschliche Augen sichtbar ist (als Bildschirm- oder Druckerausgabe), doch kann die Ausgabe ebenso in eine andere Speichereinheit (wie z. B. eine Festplatte) erfolgen, wo sie gespeichert wird.

Die letzte grundlegende Funktion ist die **Steuerung**. Sie kontrolliert von der CPU aus die anderen Funktionen, so daß der Computer sinnvoll arbeiten kann.

Somit hat ein Computer fünf grundlegende Funktionen:

Eingabe
Speicher
Operationen
Ausgabe
Steuerung

Bestandteile eines Computersystems

Die vielen Teile, aus denen ein Computer besteht, können prinzipiell drei Kategorien zugeordnet werden:

1. Zentraleinheit (CPU)
2. Speichereinheit { Hauptspeichereinheit / Hilfsspeichereinheiten }
3. Eingabe/Ausgabe (E/A) Einheiten

Die CPU, die in etwa dem menschlichen Gehirn entspricht, führt die Operationen durch und steuert sämtliche Vorgänge. Die Speichereinheit, von der die CPU direkt lesen und in die sie direkt schreiben kann, heißt **Hauptspeichereinheit**. Wenn sehr große oder transportable Speicher (z. B. Magnetbänder und Disketten) erforderlich sind, werden **Hilfsspeicher** an den Computer angeschlossen. Da sich die Hauptspeichereinheit direkt im Computer befindet, wird sie **interner Speicher** genannt. Hilfsspeichereinheiten, die extern angeschlossen sind, werden **externe** oder **sekundäre Speicher** genannt.

Die Menge an Informationen, die in einer Speichereinheit gespeichert werden kann, wird **Speicherkapazität** genannt. Da die Speichereinheiten, die den schnellsten Zugriff erlauben, auch die teuersten sind, werden bei Erweiterungen aufgrund der Kosten solche Einheiten hinzugefügt, die keinen schnellen Zugriff erlauben. Für die Hauptspeichereinheit ist ein schneller Zugriff zwar notwendig, wenn jedoch Hilfsspeicher dazukommen, kann der Hauptspeicher eine relativ geringe Kapazität haben.

Ein **Eingabe/Ausgabe-Gerät** (oder E/A-Gerät) dient - wie der Name sagt - der Ein- oder Ausgabe von Informationen. Es stellt die Verbindung zwischen Mensch und Maschine her. Es gibt eine Anzahl verschiedener Typen von E/A-Geräten. In den folgenden Abschnitten werden wir die einzelnen Gruppen näher betrachten und die verschiedenen Typen besprechen.

Ein normaler Computer enthält die CPU und den Hauptspeicher und ist umgeben von Hilfsspeichereinheiten sowie Ein-/Ausgabe-Geräten. Diese zusätzlichen Einheiten werden als **Peripheriegeräte** bezeichnet.

Wenn Peripheriegeräte mit einer Computereinheit verbunden werden, muß sichergestellt sein, daß die Informationsübertragung zwischen den einzelnen Geräten funktioniert. Diese Anpassung erfolgt über **Schnittstellen** (interfaces). Schnittstellen enthalten einen **Übertragungskanal** und eine **Datenübertragungssteuereinheit** (multiplexer).

Da Ein-/Ausgabegeräte im Vergleich zur CPU sehr langsam sind, kann es vorkommen, daß die CPU nichts zu tun hat und auf die Peripheriegeräte warten muß, wenn Daten zwischen der CPU und Ein-/Ausgabegeräten hin- und hergeschickt werden. Da dies eine Verschwendung der CPU-Zeit ist, wird manchmal ein kleiner Computer benutzt, der ausschließlich für die Ein-/Ausgabe (Übertragungskanal) zuständig ist. Wenn die Ein-/Ausgabe dem Übertragungskanal überlassen bleibt, kann sich die CPU vollständig auf ihre übrigen Aufgaben konzentrieren, wodurch die gesamte Leistung erhöht wird. **Multiplexer** können wahlweise mit einer beliebigen Zahl von Ein-/Ausgabegeräten betrieben werden.

CPU

Mit dem Fortschritt der Technologie entwickelten sich die Elemente, aus denen eine CPU besteht, von der Vakuumröhre über Transistoren, ICs und LSIs (large scale integrated circuits) zu VLSIs (very large scale integrated circuits). Die CPU-Typen unterscheiden sich stark, je nachdem, ob sie in einem großen Computer, einem Minicomputer oder einem Mikrocomputer benutzt werden.

Die CPU eines Mikrocomputers besteht aus einem oder mehreren Mikroprozessoren. Ein Mikroprozessor wird manchmal auch als CPU bezeichnet, da er Funktionen ausführt, die die einer CPU einschließen. Bei Computermodellen, die mehr als einen Mikroprozessor verwenden, ergeben sich Geschwindigkeitsvorteile. So wie drei Leute ein Problem manchmal besser durchdenken können als einer allein, können mehrere Mikroprozessoren, die zusammenarbeiten, Da-

Die LSI-Schaltung mit hoher Dichte des NEC ACOS Systems 1000

ten und Anweisungen schneller verarbeiten als einer. Allerdings nimmt die Komplexität der Computerkonstruktion mit der Zahl der Mikroprozessoren zu.

Die meisten Mikrocomputer verarbeiten 8 oder 16 Bits parallel. Nähere Erläuterungen zum Begriff „Bit" finden Sie im übernächsten Abschnitt über „Hauptspeichereinheiten". Die 8080, Z80 und 6809 CPUs sind 8-Bit-, Z8000 und 68000 sind 16-Bit-Mikroprozessoren. Die 16-Bit-CPUs verarbeiten Informationen schneller als 8-Bit-CPUs, können direkt auf einen größeren Speicherbereich zugreifen und sind in der Lage, komplizierte Maschinenbefehle mit mehr Funktionen auszuführen als die 8-Bit-CPUs. Je anspruchsvoller der Befehlssatz ist, desto anspruchsvollere Aufgaben kann die Hardware (in diesem Fall die CPU) erledigen, so daß die Aufgaben der Software einfacher werden. Deshalb empiehlt es sich, 16-Bit CPUs zu verwenden, wenn man ein Betriebssystem oder andere Software erstellt.

Die Komponenten von 8-Bit CPUs sind hauptsächlich LSIs, wogegen 16-Bit CPUs einen noch höheren Integrationsgrad aufweisen, der zwischen dem von LSIs und VLSIs liegt. Diese LSIs sind aus Silikon-Halbleitermaterial mit Metall-Oxid-Halbleitern (MOS, metal oxide semiconductor) hergestellt.

Da große Computer sehr schnell sein müssen, unterscheidet sich die in ihren CPUs verwendete LSI-Technologie von der, die bei Mikrocomputern benutzt wird. Große Computer basieren auf der **bipolaren Technologie**, die sehr hohe Verarbeitungsgeschwindigkeiten ermöglicht. Große Computer benutzen eine eigene, speziell für sie entwickelte CPU, wodurch sich sehr viel kompliziertere Verhältnisse als bei einem Mikrocomputer ergeben. Es werden viele verschiedene LSI-Typen verwendet (darunter befinden sich zwar auch VLSIs, doch der Einfachheit halber sollen sie auch LSIs genannt werden). Manchmal werden allgemein verfügbare ICs verwendet, viele dieser ICs sind jedoch Eigenentwicklungen des Computerherstellers.

In einem Mikrocomputer sind die ICs und LSIs üblicherweise in einem zweidimensionalen Schema auf einer Grundplatine mit gedruckten Schaltungen angeordnet. Dagegen müssen bei einem großen Computer - wegen der hohen Geschwindigkeitsanforderungen - die CPU und die Speicherbausteine dichter beieinander liegen. Deshalb wird die CPU dort in einem dreidimensionalen Schema - Modul genannt - aufgebaut, das viele LSIs enthält. Dies ist notwendig, um die Entfernungen zu verkürzen, die von den elektrischen Signalen zurückgelegt werden müssen, die letztlich der entscheidende Faktor für die Rechengeschwindigkeit sind. In der obigen Abbildung ist z. B. das CPU-Modul des ACOS System 1000 von Nippon Electric Corporation (NEC) dargestellt, bei dem die LSIs mit hoher Packungsdichte zusammengesetzt sind (NEC bezeichnet dies als 'high-density LSI package'). Jedes der kleinen Quadrate ist ein LSI-Silikon-Chip.

Die Definition eines Minicomputers ist etwas vage. Sie liegt zwischen der eines Mikrocomputers und der eines Großrechners. Die Bandbreite reicht von Minicomputern, die eine nur wenig größere Kapazität als Mikrocomputer haben, bis hin zu sogenannten Super-Minis, die eigentlich kleinere Ausführungen eines Großrechners sind. Die CPUs von Minicomputern sind weiterentwickelte Versionen der CPUs, die in Mikrocomputern benutzt werden.

Die Rolle des Speichers

Da eine CPU die ihr übergebenen Informationen und Anweisungen viel schneller verarbeitet als ein Mensch sie eingeben kann, wurde die **Methode des Programmspeichers** entwickelt, d.h. die Anweisungen werden vor der Ausführung gespeichert. Wenn dann die Ausführung einer solchen Anweisungsfolge gestartet wird, liest die CPU nach jeder ausgeführten Anweisung sofort die nächste aus dem Speicher und führt sie aus. Einige CPUs führen eine Anweisung aus und holen gleichzeitig die nächste aus dem Speicher.

Es gab eine Zeit, in der bei einer Programmänderung die Schaltkreise geändert werden mußten, so daß die Bedienung eines Computers sehr mühselig war. Wenn die Programme sich jedoch im Speicher befinden, können sie sehr leicht geändert werden. Der Computer führt Operationen und Steuerungsvorgänge gemäß den gespeicherten Anweisungen aus, und wenn etwas falsch läuft, ist der Fehler nahezu mit Sicherheit im Programm zu suchen.

Interne Speichereinheiten

Der interne Speicher ist der Speicherbereich, auf den die CPU direkt zugreifen kann. Deshalb werden hierfür Speicher verwendet, die einen schnellen Zugriff erlauben. In den meisten Fällen handelt es sich dabei um ICs und LSIs.

Die kleinste Informationseinheit wird als **Bit** bezeichnet und kann einen von zwei Werten - 0 oder 1 - annehmen. Wenn die CPU auf den Speicher zugreift, muß angegeben werden, auf welche Stelle im Speicher der Zugriff erfolgen soll, man benötigt also ein Verfahren, mit dem die verschiedenen Speicherstellen identifiziert werden können. Die CPU faßt die Bits im Speicher in- Gruppen zusammen und ordnet jeder Gruppe eine Zahl zu (0, 1, 2, 3, ...). Diese Zahl läßt sich mit der Adresse eines Hauses in einer Straße vergleichen und wird als **Adresse** bezeichnet. Die CPU greift jeweils auf eine einzige Adresse im Speicher zu; z.B könnte sie den Inhalt der Speicheradresse 478211 lesen. CPUs werden nach der Anzahl der Bits, aus denen eine solche Gruppe im Speicher besteht, klassifiziert (8 Bits, 16 Bits, 32 Bits etc.).

Es gibt zwei Arten von Speicher-ICs: **RAM** (random access memory, Schreib-/Lese-Speicher) und **ROM** (read only memory, Nur-Lese-Speicher). Der Inhalt eines RAM-Speichers kann gelesen und neue Informationen können gespeichert werden. Im RAM-Speicher werden Programme und Daten gespeichert. Wenn ein Programm ausgeführt wird, verändert die CPU den Inhalt des RAM-Speichers, wenn es erforderlich ist. Der Inhalt eines RAM-Speichers geht jedoch verloren, wenn die Stromversorgung abgeschaltet wird. Will man daher den Inhalt des RAM-Speichers dauerhaft speichern, um ihn später wieder be-

Da der Computer die Anweisungen eines Programms exakt ausführt, muß es am Programm liegen, wenn er nicht tut, was er soll

nutzen zu können, muß man ihn in einem externen Speicher ablegen, dessen Inhalt nicht verloren geht, wenn der Strom abgeschaltet wird. Eine andere Möglichkeit besteht darin, einen Speicher zu verwenden, der durch eine zusätzliche Stromversorgung abgesichert ist.

Ein ROM- unterscheidet sich von einem RAM-Speicher dadurch, daß keine neuen Informationen abgespeichert werden können; es können nur die vorhandenen Informationen gelesen werden. Ein ROM wird zur Speicherung von Programmen verwendet, die oft benutzt werden.

Externe Speichereinheiten

Disketten

Eine **Diskette** (auch Floppy Disk genannt) ist ein Speicher-Medium, daß aus einer Polyesterscheibe besteht, die mit einer magnetischen Schicht versehen ist. Informationen werden magnetisch in Spuren, die konzentrische Kreise bilden, aufgezeichnet. Jede dieser Spuren ist in Sektoren aufgeteilt.

Eine Diskette wird in einer Schutzhülle aufbewahrt. Die Diskette wird zusammen mit der Hülle in ein Diskettengerät eingelegt. Dieses Diskettengerät, **Diskettenlaufwerk** genannt, enthält einen Schreib-/Lesekopf. Dieser Kopf be-

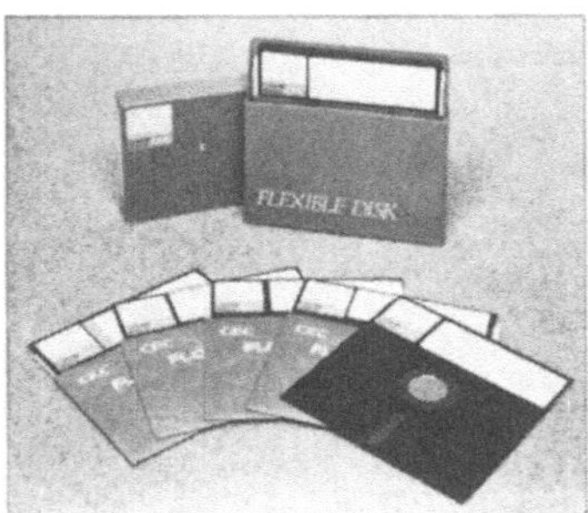

Disketten

Ein 16-Bit-Mikrocomputer-Tischmodell. Das Plattenlaufwerk enthält eine 8-Zoll-Festplatte und ein 5¼-Zoll-Diskettenlaufwerk
▽

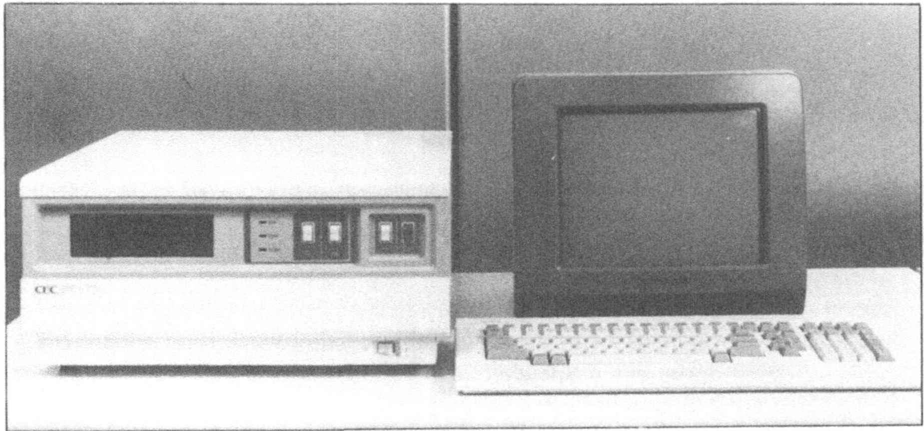

wegt sich, um Informationen zu speichern oder von der Diskette zu lesen. Disketten gibt es in zwei verschiedenen Größen mit einem Durchmesser von 8 bzw. 5.25 Zoll. 8-Zoll-Disketten werden als Standarddisketten, 5.25-Zoll-Disketten als Minidisketten bezeichnet. Bei manchen Disketten können beide Seiten benutzt werden, so daß sich die Speicherkapazität verdoppelt. Die Speicherkapazität von Disketten bewegt sich in einer Größenordnung von 100 Kilobytes bis zu 1 Megabyte (kilo $= 10^3$; mega $= 10^6$) (Byte $= 8$ Bits).

Eine 8-Zoll-Diskette, bei der beide Seiten benutzt werden können, kann etwa eine Million Bytes an Information speichern. Diskettenlaufwerke sind als externe Speicher sehr verbreitet.

Bevor eine Diskette benutzt werden kann, müssen Adress-Informationen und andere Daten auf ihr gespeichert werden. Dieser Vorgang wird **Formatierung** genannt. Leider sind diese Formatierungen nicht einheitlich; es gibt eine große Zahl unterschiedlicher Formate. Dagegen sind die meisten einseitigen Disketten mit einfacher Aufzeichnungsdichte schon im IBM 3740-Format initialisiert, so daß sie gebrauchsfertig sind.

Festplatten

Wenn man ein ausgewachsenes UNIX-System benutzt, sind Festplatten erforderlich. Diese bieten einen schnelleren Zugriff und eine größere Speicherkapazität als Diskettenlaufwerke. Wenn die Multi-User- und Multi-Tasking-Fähigkeiten von UNIX genutzt werden, nimmt die Zahl der Ladevorgänge zu; eine schnelle externe Speicher-Einheit wird erforderlich. Mit der wachsenden Anzahl von Möglichkeiten, die UNIX bietet, nimmt auch die Zahl der Programme zu, und es wird eine größere Speicherkapazität benötigt.

1973 kündigte IBM das IBM 3340 Festplattenlaufwerk an, das aus einer Platte, einem Schreib-/Lesekopf sowie einem Plattenzugriffsarm (der den Kopf bewegt) bestand, wobei sich alle Teile in einem versiegelten Gehäuse befanden. Vor der Ankündigung hatte diese Baugruppe den IBM-internen Codenamen „Winchester", so daß dieser Laufwerkstyp mit der hermetisch verschlossenen Platte als „Winchesterlaufwerk" bekannt wurde.

Da eine Winchesterplatte versiegelt ist, braucht man sich nicht darum zu sorgen, daß Schmutz oder Staub hineingelangen können. Während des Betriebs wird der Kopf um ungefähr 0,5 bis 0,7 Mikron von der Oberfläche abgehoben, so daß die Platte beliebig oft gelesen werden kann, ohne daß die Oberfläche berührt wird. Dadurch wird die Zuverlässigkeit erheblich erhöht. Bei einem Diskettenlaufwerk hingegen hat der Kopf während des Lesens direkten Kontakt mit der Diskettenoberfläche, so daß die Diskette durch häufigen Gebrauch abgenutzt werden kann.

Die Speicherkapazität einer Winchesterplatte ist erheblich größer als die einer Diskette: sie reicht von einigen Megabytes bis hin zu mehreren hundert Megabytes. Außerdem ist die Zugriffsgeschwindigkeit höher als bei einer Diskette.

So sieht ein Winchesterplattenlaufwerk von innen aus

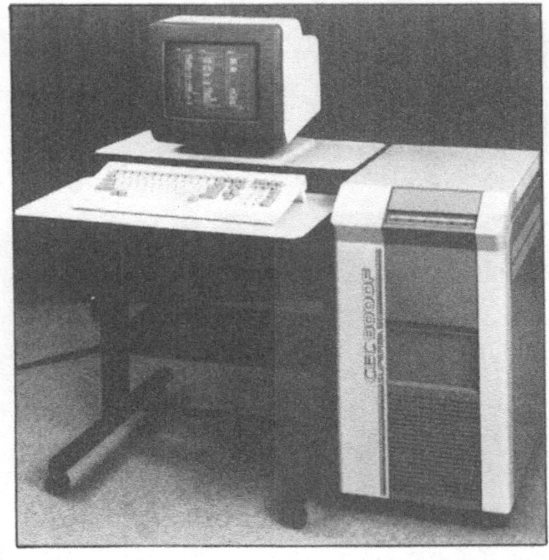

Eine Standversion des CEC8000 SUPERBASE. Die Einheit auf der rechten Seite enthält eine CPU, eine 8-Zoll-Festplatte und ein Magnetbandlaufwerk. Die Platte hat eine Speicherkapazität von bis zu 134 Megabytes. Das Bandkassettengerät wird zur Sicherung für die Festplatte benutzt

Die ersten Platten hatten einen Durchmesser von 14 Zoll. Inzwischen gibt es aber auch Platten mit einem Durchmesser von 8 oder 5,25 Zoll. Außerdem sind auch schon Speichergeräte auf magnetischer Basis, die mit hoher Geschwindigkeit arbeiten und über große Kapazitäten verfügen, in Gebrauch gekommen, die ausschließlich zur Sicherung von Platten dienen.

Magnetbänder

Die Magnetbänder, die in Computern verwendet werden, kann man sich als vergrößerte Ausgaben von Tonbändern vorstellen. Sie werden häufig bei Großrechnern und Minicomputern benutzt.

Ein Magnetband besteht aus einem Kunststoffband, das mit einer magnetischen Beschichtung versehen ist. Informationen werden auf einem solchen Band magnetisch aufgezeichnet. Der direkte Zugriff ist im Vergleich zu Platteneinheiten langsam, da jedoch die Speicherkosten je Informationseinheit (Bit) hier gering sind und eine sequentielle Übertragung schnell möglich ist, ist dieses Speichermedium weit verbreitet, sofern große Datenmengen gespeichert werden müssen.

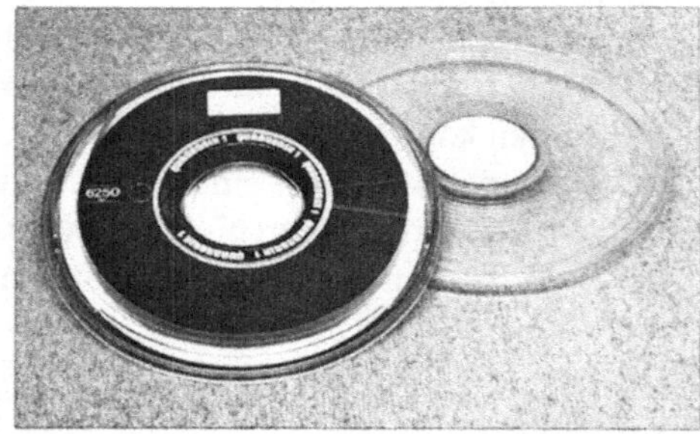

Ein Magnetband

Ein Magnetbandgerät. Das Band kann man in dem Fenster sehen

Ein- / Ausgabeeinheiten

Da der Benutzer mit dem Computer über Ein-/Ausgabegeräte kommuniziert, sind diese Geräte dem Benutzer am meisten vertraut. Wir wollen die Geräte besprechen, die mit großer Wahrscheinlichkeit bei einem Computersystem benutzt werden, auf dem UNIX läuft.

Terminal

Da UNIX ein interaktives (dialogorientiertes) Betriebssystem ist, werden alle Anweisungen, die ein Benutzer an den Computer gibt, über ein Terminal eingegeben. Jedes Terminal hat eine Tastatur, über die der Benutzer mit dem Computer kommuniziert. Zwei Typen von Terminals sind weit verbreitet: CRT- oder Bildschirm-Terminals (Cathode Ray Tube, Bildröhre) und Fernschreiber-Terminals.

Ein CRT-Terminal ähnelt einem Fernsehempfänger. Die Ausgaben des Computers werden auf dem Bildschirm (CRT) angezeigt. Wenn der Benutzer Befehle und sonstige Informationen eingibt, werden diese ebenfalls auf dem Bildschirm angezeigt, so daß der Benutzer sofort sehen kann, ob er einen Fehler gemacht hat. Allerdings wird nicht jede Tastatureingabe notwendigerweise auf dem Bildschirm angezeigt.

Die Bildröhre ist auch ein Ausgabegerät, das Ausgaben des Computers anzeigt. Sowohl (Buchstaben-)Zeichen als auch Bilder können dargestellt werden. Die Anzeige erfolgt normalerweise weiß auf schwarz (oder auch grün auf schwarz) und nicht in Farbe, jedoch kann ein Bildschirm für Grafikanwendungen farbige Anzeigen erzeugen und über spezielle Grafikfunktionen verfügen.

Bei einem Fernschreiber erfolgt die Eingabe über eine schreibmaschinenähnliche Tastatur, und die Ausgabe erfolgt auf Papier. Dies ist im Vergleich mit einer Bildschirmausgabe einerseits unwirtschaftlich, da das Papier zusätzlich gekauft werden muß, hat aber anderseits den Vorteil, daß man ein Protokoll der Ein- und Ausgaben erhält.

UNIX kann mit einer Vielzahl unterschiedlicher Computerhardware-Konfigurationen benutzt werden. Bei einigen Systemen sind mehrere Terminals an den Computer angeschlossen. Andere haben nur ein Terminal, und der Benutzer muß über eine Datenleitung die Verbindung mit dem Computer aufnehmen.

Soll eine Telefonleitung zur Verbindung zwischen einem Computer und einem Terminal benutzt werden, so ist dazu ein **Modem** erforderlich. Ein Modem konvertiert die digitalen Signale des Computers oder Terminals in analoge Signale, die über die Telefonleitung übertragen werden können, und umgekehrt konvertiert es die analogen Signale der Telefonleitung in digitale Signale für den Computer oder das Terminal.

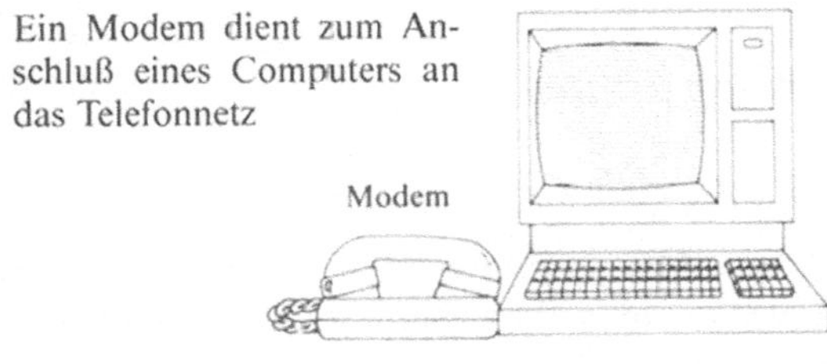

Ein Modem dient zum Anschluß eines Computers an das Telefonnetz

Ein Standardterminal; es besteht aus einem Bildschirm und einer Tastatur

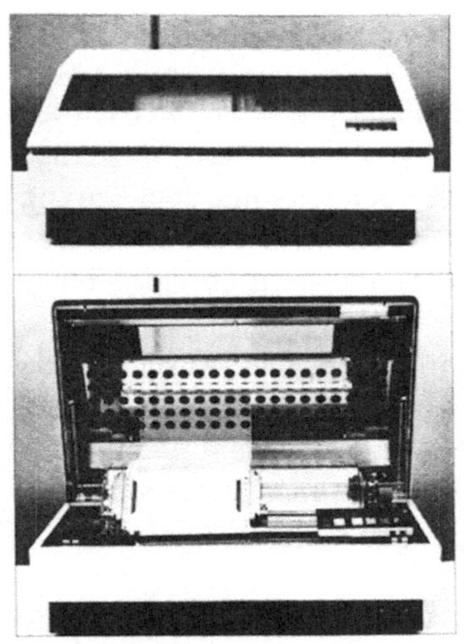

Ein Drucker mit geöffneter Abdeckung

Drucker

Ein **Drucker** ist ein Gerät, das Buchstaben und andere Zeichen auf Papier druckt. Ein solches Gerät wird z. B. benutzt, um den Inhalt eines auf einer Diskette gespeicherten Dokumentes oder ein Programmlisting auszudrucken. Bei kommerziellen Anwendungen könnte ein Drucker z. B. Geschäftsberichte oder Lohnlisten ausdrukken. Es gibt Drucker in unterschiedlichen Ausführungen, wobei die Hauptunterschiede in der Druckgeschwindigkeit und im Schriftbild liegen.

Ein X-Y-Plotter (Foto mit Genehmigung der Graphtec Corp.)

X-Y-Plotter

Ein X-Y-Plotter ist ein Ausgabegerät, das grafische Darstellungen und geometrische Figuren zeichnet. Auch Buchstaben können gezeichnet werden; der Plotter zeichnet jeden Buchstaben wie eine geometrische Figur, anstatt ihn auf einmal zu drucken. Ein Stift, der durch einen Motor gesteuert wird, zeichnet jede Figur in zwei Dimensionen, genau so, wie man es mit einem normalen Stift tun würde. Ein Plotter kann mehrere Stifte in verschiedenen Farben haben, so daß man auch mehrfarbige Zeichnungen erstellen kann. Einige Plotter können die Farben automatisch wechseln.

Programme

Programme sind notwendig, damit ein Computer funktionieren kann. Ein Programm muß in einer speziellen Programmiersprache geschrieben werden, die ein Computer verstehen kann. Der Computer speichert das Programm im Speicher und führt die einzelnen Schritte nacheinander aus. Sobald eine Anweisung ausgeführt ist, wird die nächste aus dem Speicher abgerufen.

Programme werden von Menschen geschrieben. Der Computer führt ein Programm genau so aus, wie es geschrieben worden ist; wenn die Person, die ein

Programm geschrieben hat, einen Fehler gemacht hat, führt der Computer die fehlerhafte Anweisung so aus, wie sie da steht. Ein solcher Fehler wird als **Programmfehler** (bug) bezeichnet. Der Vorgang der Fehlersuche und -beseitigung zum Erzeugen eines korrekten Programmes wird **Fehlerbeseitigung** (debugging) genannt.

Computersprachen

Es gibt eine ganze Reihe von Sprachen, die zum Schreiben von Programmen benutzt werden. COBOL wird z. B. oft zum Schreiben kommerzieller Programme benutzt. FORTRAN wird oft zum Schreiben von Programmen benutzt, die numerische Berechnungen durchführen, und LISP wird in der künstlichen Intelligenz oft benutzt. Eine Sprache namens PASCAL erlaubt eine strukturierte Programmierung. Die Sprache C wurde von den Leuten entwickelt, die UNIX geschaffen haben. UNIX selbst ist in C geschrieben, so daß es eine notwendige Voraussetzung ist, daß C auf einem Computer läuft, wenn man darauf UNIX benutzen will.

Es existieren sehr viele Computersprachen. Die meisten von uns haben jedoch nur von den bekannteren Sprachen gehört. Jede Sprache hat ihre eigenen speziellen Merkmale. So sind z. B. charakteristische Merkmale von C, daß der Inhalt eines Programms leicht zu verstehen ist, wenn das Programm aufgelistet wird (da die Programme strukturiert geschrieben werden können) und daß Bit-Operationen möglich sind, so daß eine sehr maschinennahe Programmierung möglich ist.

Alle oben genannten Sprachen sind so konzipiert, daß man sie leicht verstehen kann. Eine solche Sprache wird als **höhere Programmiersprache** bezeichnet.

Wenn Sie jemanden, der Ihre Sprache nicht versteht, in Ihrer Muttersprache ansprechen, wird er Sie nicht verstehen. Ähnlich ist es, wenn Sie versuchen, in einer höheren Programmiersprache mit einem Computer zu sprechen, der nur eine Maschinensprache versteht: der Computer wird Sie nicht verstehen. Deshalb brauchen Sie einen Übersetzer oder ein Übersetzungsprogramm, das die höhere Sprache in die Maschinensprache übersetzt. Es gibt zwei Arten von Übersetzern: Compiler und Interpreter

Der Compiliervorgang

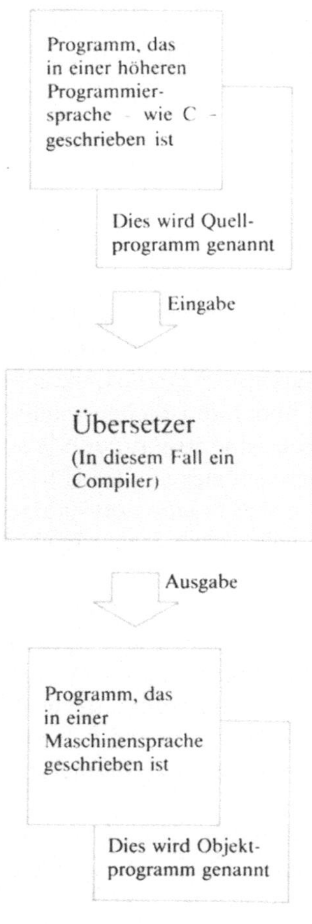

„Höher" bedeutet, daß die Sprache für einen Menschen leicht zu verstehen ist. Ein Computer versteht nur seine eigene spezielle **Maschinensprache**, die für den Menschen nur sehr schwer zu verstehen ist. Eine Maschinensprache wird als **maschinennahe Programmiersprache** bezeichnet. Ein in Maschinensprache geschriebenes Programm ist einfach eine Folge von Bits, so daß es sehr anstrengend für einen Menschen ist, ein Programm direkt in Maschinensprache zu schreiben. Als die ersten Computer entwickelt wurden, existierten nur Maschinensprachen; höhere Programmiersprachen, die für Menschen leichter verständlich sind, wurden erst später entwickelt. C ist eine solche höhere Programmiersprache.

Ein Computer kann eine höhere Programmiersprache nicht direkt verstehen. Ein Programm, das in einer solchen Sprache geschrieben ist, muß **übersetzt** werden in die Maschinensprache, die der Computer versteht. Wer übersetzt nun das Programm? Ein Programm erstellt die Übersetzung. Ein Benutzer schreibt z. B. ein Programm in C und übergibt es dem C-Übersetzer. Der C-Übersetzer überträgt das C-Programm in ein Maschinensprache-Programm.

Die Entwicklung einer neuen Computersprache erfordert nicht nur den Entwurf der Spezifikationen dieser Sprache, sondern auch die Entwicklung eines solchen Übersetzungsprogramms.

Es gibt zwei Möglichkeiten, ein in einer höheren Sprache geschriebenes Programm in ein Maschinenprogramm zu übersetzen. Die eine Möglichkeit besteht darin, das ganze Programm „an einem Stück" in Maschinensprache zu übertragen. Dieses Maschinenspracheprogramm wird im Speicher festgehalten, und beim Programmlauf wird dieses Maschinenspracheprogramm ausgeführt. Bei dieser Methode spricht man vom Compilieren, und das Übersetzungsprogramm wird **Compiler** genannt. Die andere Methode besteht darin, eine Anweisung zu übersetzen, auszuführen, die nächste Anweisung zu übersetzen etc. Bei dieser Methode spricht man vom Interpretieren, und das Übersetzungsprogramm wird **Interpreter** genannt. Die Übersetzungsprogramme werden nach den höheren Programmiersprachen benannt, die sie übersetzen: „C-Compiler", „FORTRAN-Compiler", „LISP-Interpreter", „BASIC-Interpreter" etc. Für einige Sprachen gibt es sowohl Compiler als auch Interpreter.

Es gibt viele Computersprachen, so wie es viele Sterne am Himmel gibt. Doch für gewöhnlich sind uns nur die bekanntesten und am weitesten verbreiteten Sprachen geläufig

Ein Maschinenprogramm besteht ausschließlich aus einer Folge von Bits. Damit ein Mensch es leichter verstehen kann, wird es manchmal in einer Sprache geschrieben, die **Assembler** genannt wird. In der Assemblersprache werden Anweisungen in Maschinensprache durch Abkürzungen englischer Wörter ausgedrückt und nicht durch Zahlen, so daß ein Programm für den Menschen leichter zu lesen ist. Trotzdem entspricht eine Anweisung immer noch einer Anweisung in Maschinensprache (und führt auch dieselbe Funktion aus), so daß die Programmierung immer noch sehr schwierig ist. Begründet ist diese Schwierigkeit darin, daß die Operationen, die mit diesen Befehlen möglich sind, „maschinenorientiert“ und nicht „problemorientiert“ sind.

Das von einem Compiler erzeugte Programm wird als **Objektcode** bezeichnet. Das ursprüngliche Programm, das in einer höheren Programmiersprache geschrieben wurde, wird **Quellenprogramm** genannt.

Wie ein Betriebssystem arbeitet

Ein Betriebssystem ist ein Programm, das aus der reinen Maschine (Hardware) einen richtigen Computer macht. Ein Betriebssystem besteht aus einem **Kern**, der die grundlegenden Operationen des Computers steuert, sowie weiteren Hilfsprogrammen.

Der Kern ist immer im Hauptspeicher gespeichert und überwacht alle Funktionen des Computers - sowohl in Bezug auf die Hardware, als auch auf die

Betriebssysteme sorgen dafür, daß Ressourcen effizient genutzt werden

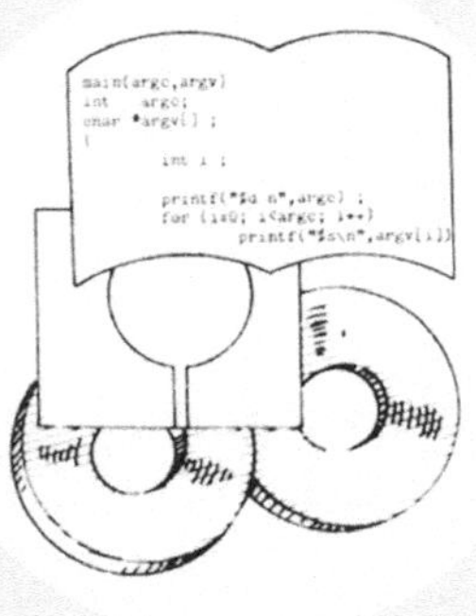

Software-Ressourcen

Menschliche Ressourcen

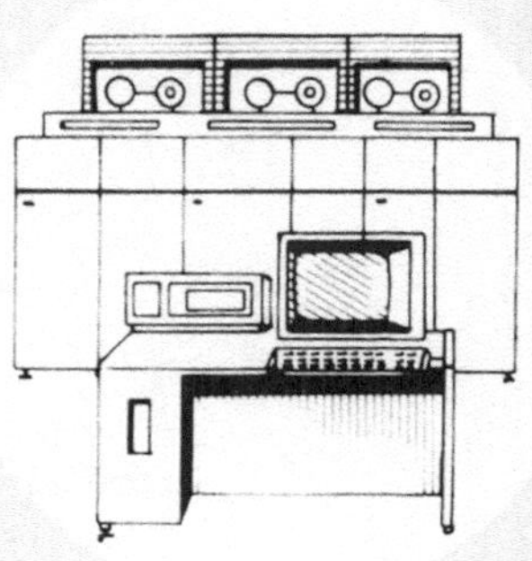

Hardware-Ressourcen

Software - wie die Steuerung der Plattenzugriffe, die Verwaltung der Dateien und Programmabläufe. Die Benutzerkommandos, die über ein Terminal eingegeben werden, werden eingelesen, die notwendigen Programme und Daten werden von den externen Speichereinheiten abgerufen, und die Programme werden ausgeführt. Wenn ein Ein- oder Ausgabegerät benutzt wird, während das System läuft, wird diese Ein- oder Ausgabe vom Betriebssystem durchgeführt.

Die Art und Weise, in der ein Betriebssystem einen Computer steuert, kann sich sehr stark auf die Effektivität auswirken, mit der der Computer betrieben wird. Der Zweck eines Betriebssystems besteht darin, die **Ressourcen** eines Computersystems so effizient wie möglich auszunutzen. Wenn die Kontrollfunktionen des Betriebssystems nicht leistungsfähig sind, werden diese Ressourcen nicht effizient genutzt. Mit „Ressourcen" ist hier alles gemeint, was zum Betrieb des Computers nötig ist, z. B. die Hardwarekomponenten. Wenn der Computer so genutzt wird, daß keine CPU-Zeit verschwendet wird, so sind diese bestimmten Ressourcen effizient genutzt worden. Das gleiche gilt für Peripheriegeräte. Die verschiedenen Programme, Daten etc. gehören zu den Softwareressourcen. Wir sprechen auch von menschlichen Ressourcen, womit die Programmierer, Computer-Operatoren und Aufsichtspersonen gemeint sind. Zur effektiven Nutzung der menschlichen Ressourcen ist es erforderlich, daß die Leute nicht an Routinearbeiten gebunden werden. Diese sollten soweit wie möglich vom Computer erledigt werden. Außerdem bewahrt eine einfache Nutzungsmöglichkeit des Computers die Leute davor, zu ermüden. Alle Ressourcen sind wertvoll und sollten so effizient wie möglich genutzt werden.

Da die Hauptfunktion eines Betriebssystems eine Steuerungsfunktion ist, könnte in einem engeren Sinn der Kern selbst als Betriebssystem betrachtet werden. (Tatsächlich wird der Kern manchmal als Betriebssystem im engeren Sinn bezeichnet). Es ist jedoch üblich geworden, noch eine Reihe von Hilfsprogrammen mit zum Betriebssystem zu zählen (das Betriebssystem im weiteren Sinn oder einfach das Betriebssystem). Diese Hilfsprogramme sind grundlegende Programme, die der Benutzer braucht, wie z. B. die Programme, die zum Gebrauch einer Programmiersprache erforderlich sind (Editor, Übersetzer etc.). Daneben gibt es die sogenannten „Anwendungsprogramme", die einen spezielleren Anwendungsbereich als die Hilfsprogramme haben. Die normalerweise von einem Benutzer erstellten Programme sind Anwendungsprogramme. Die Grenze zwischen Hilfsprogrammen und Anwendungsprogrammen ist nicht immer klar. Es ist manchmal schwierig, genau zu bestimmen, ob ein Programm zum Betriebssystem gehört oder nur für spezielle Anwendungen bestimmt ist.

Es ist keine Übertreibung zu behaupten, daß die Erstellung einer günstigen (Software-) Umgebung für die Programmentwicklung und -operation mehr vom Betriebssystem als von der Hardware abhängt.

Kapitel 3
Beispiele für die Anwendung von UNIX

In diesem Kapitel werden wir einige Beispiele zur Anwendung von UNIX sehen. Die Themen, die wir ansprechen werden, lassen sich in die Kategorien Büro-Automatisierung, Programm-Entwicklung und Maschinensteuerung einordnen. Zunächst wollen wir uns einige spezielle Beispiele ansehen, die die von UNIX gebotenen Vorteile illustrieren.

Büro-Automatisierung

Büro-Automatisierung mit UNIX

Wir erleben zur Zeit einen dramatischen Anstieg im Bereich der Büro-Automatisierung. Computer werden in Büros eingeführt, um Arbeiten und Dienstleistungen zu übernehmen, wie es zuvor nicht möglich war. Zu den Funktionen von Büro-Automatisierungssystemen gehört die Vorbereitung von Dokumenten, elektronische Post, geschäftliche Kalkulationen, Datenbanknutzung, gemeinsame Nutzung von Dateisystemen, Überwachung von Geschäftsvorgängen, etc. In erster Linie handelt es sich bei den Maschinen zur Büro-Automatisierung um Computer - Büro-Computer, Mini-Computer und Personal Computer. Dazu kommen Textverarbeitungssysteme, Mikrofilmgeräte, optische Bildplattenprozessoren, Laserdrucker, Grafikterminals, akustische Ein- und Ausgabegeräte und Kopiergeräte.

Um all diese Geräte weitestgehend auszunutzen, müssen sie zu einheitlichen Systemen kombiniert werden. Ein Textverarbeitungssystem wird beispielsweise nicht allein benutzt; vielmehr werden in einem Computer gespeicherte Dateien

mit Hilfe des Textsystems korrigiert und das Ergebnis wieder im Computer gespeichert, um z. B. mit der elektronischen Post an alle Angestellten einer bestimmten Abteilung einer Firma verschickt zu werden.

Büro-Automatisierungssysteme mit UNIX nehmen ständig an Popularität zu. UNIX-Systeme stellen dem Büro so praktische Möglichkeiten zur Verfügung wie gemeinsame Dateizugriffe, Erstellung von Dokumenten, Informationsrecherchen in einer Datenbank, elektronische Post, Geschäftskalkulationen usw. UNIX ermöglicht es, diese Dinge in einem einheitlichen System zu kombinieren, wodurch insgesamt Anwendungen eröffnet werden, die mit den einzelnen Geräten nicht möglich wären.

Lassen Sie uns einige dieser Möglichkeiten betrachten und sehen, welche Rolle UNIX dabei spielt.

Arbeitsstationen

In einem voll automatisierten Büro ist die „Arbeitsstation" eines Angestellten ein Computerterminal. Die meisten Tätigkeiten, die früher an einem Schreibtisch erledigt wurden, können jetzt an einem Computerterminal erledigt werden. Ein Terminal besteht aus einem Bildschirm und einer Tastatur. Der Angestellte gibt die Anweisungen an das UNIX-System über dieses Terminal ein.

Der Angestellte schaltet zunächst das Terminal an und überzeugt sich, daß es mit dem Zentralcomputer, auf dem UNIX läuft, verbunden ist; dann meldet er sich mit seinem speziellen „log-in"-Namen beim Computer an. UNIX überprüft den Namen um festzustellen, ob der Benutzer eine Zugangsberechtigung besitzt, da nur eingetragene Benutzer das System benutzen dürfen. Bei vielen Systemen muß der Benutzer zusätzlich sein geheimes Passwort eingeben, um seine Identität zu beweisen.

Der Angestellte kann jetzt viele verschiedenartige Tätigkeiten ausführen, während er am Bildschirm arbeitet. So können z. B. Dokumente auf dem Bildschirm bearbeitet werden, bevor sie ausgedruckt werden. Elektronische Post von anderen Benutzern kann auf dem Bildschirm gelesen werden. Tabellen und Grafikdarstellungen können auf dem Bildschirm bearbeitet und überprüft werden, um sicherzustellen, daß sie anschließend korrekt ausgedruckt werden, wodurch der Papierverbrauch erheblich reduziert wird. Diese Form des relativ „papierlosen" Büros ermöglicht eine sehr viel wirtschaftlichere Nutzung von Papier und Platz für Aktenordner. Selbstverständlich ist der Computer, auf dem UNIX läuft, mit einem Drucker verbunden, um bei Bedarf auch eine Ausgabe auf Papier zu erhalten, wobei eine beliebige Anzahl von Kopien gedruckt werden kann.

Gemeinsame Nutzung von Dateien

Da unsere Gesellschaft immer komplexer wird, ist die Informationsmenge, die von Einzelpersonen und Firmen bewältigt werden muß, sprunghaft gestiegen. So wie die Menge an Information zunimmt, wird auch das Problem des Zugriffs auf die gewünschte Information immer größer. Wenn kein guter Überblick über die Information besteht, kann sehr viel Zeit mit der Suche nach Informationen verschwendet werden und gelegentlich großer Ärger entstehen, wenn die Information überhaupt nicht gefunden wird.

Wenn UNIX zur Informationsverwaltung benutzt wird, werden alle Dateien[1] in einem Dateisystem mit einer hierarchischen Baumstruktur[2] gespeichert. Dadurch kann man die Beziehung zwischen Dateien leicht überschauen, und eine gewünschte Datei kann leicht gefunden werden. Bei der Suche nach einer bestimmten Datei ist die Verwendung von Suchschlüsseln - wie Dateiname, Ersteller, Erstellungsdatum, Größe etc. - eine große Hilfe.

Im Prinzip werden die UNIX-Dateien von allen Benutzern des Systems gemeinsam benutzt. Eine Datei, die von einer Person erstellt worden ist, kann auch von anderen benutzt werden. Alle existierenden Dateien werden somit zu einem gemeinsamen Betriebsmittel, das weiter wächst, wenn zusätzliche Dateien erstellt werden. In einer Firma könnte es z. B. erforderlich sein, eine große Anzahl verschiedener Dokumente in einem ähnlichen Format zu erstellen. Mit diesem System kann ein Angestellter nach dem Dokument mit dem entsprechenden Format suchen und es lediglich für seinen Bedarf ändern, anstatt ein völlig neues zu erstellen. Die gesamte Dateiverarbeitung kann vor dem Terminal sitzend erledigt werden, so daß es nicht mehr erforderlich ist, durch das Büro zu gehen und in Aktenordnern nachzusehen. Der Benutzer wird von einem Berg von Dokumenten befreit und braucht diese nicht mehr von einer Stelle zur anderen zu tragen.

Es kommt natürlich vor, daß Sie bestimmte Dokumente nicht mit anderen Leuten teilen wollen, so daß es erforderlich ist, daß das System über einen **Schutzmechanismus** verfügt. UNIX besitzt einen solchen praktisch ausreichenden Schutzmechanismus. Für jede einzelne Datei kann angegeben werden, ob es gestattet ist oder nicht, daß die Datei gelesen wird, daß in die Datei geschrie-

---

[1] Datei: Informationen - oder eine Stelle, an der diese Informationen gespeichert sind - auf einem externen Speichergerät

[2] Dateisystem mit hierarchischer Baumstruktur; siehe Besprechung hierzu in Kapitel 4.

ben werden oder daß die Datei ausgeführt werden kann. Dies ist jeweils für drei verschiedene Benutzergruppen möglich: den Besitzer der Datei, eine Benutzergruppe oder sonstige Benutzer. Der „Supervisor", der ein UNIX-System beaufsichtigt, kann zwar alle Dateien lesen, doch kann der Besitzer einer Datei diese mit seinem eigenen Schlüsselwort codieren. Dann kann selbst der Supervisor nichts mit dem Inhalt der Datei anfangen, obwohl er sie lesen kann.

Da alle Dateioperationen von einem Terminal aus durchgeführt werden können, wird der Anblick einer Sekretärin, die Papierstapel durchs Büro trägt, allmählich seltener werden

UNIX speichert Dateien - ebenso wie nahezu alle Computersysteme - in peripheren Speichereinheiten. Eine Platte kann Informationen enthalten, für die sonst Hunderte von Seiten erforderlich wären. Der Bedarf an Speicherplatz für die Datenverwaltung nimmt somit stark ab.

UNIX wurde so konzipiert, daß es leicht möglich ist, die notwendige Speicherkapazität zu reduzieren. Wird z. B. eine Datei leicht verändert, um daraus eine neue Datei zu erstellen, ist es nicht notwendig, die gesamte neue Datei zu speichern; nur die Informationen, die geändert wurden, müssen gespeichert werden. Eine Datei, die nur die geänderten Teile einer anderen Datei enthält, wird **Differenzdatei** genannt. Dadurch vermindert sich der für die Speicherung von Dateien benötigte Platz erheblich. Zur Wiederherstellung der vollständigen Datei kann die Differenzdatei mit der Originaldatei kombiniert werden, um die korrekte, vollständige Datei zu erhalten. Da es sich bei den meisten Bürodokumenten um Änderungen früherer Dokumente handelt, reduziert sich auf diese Weise der für die Dateiverwaltung benötigte Speicherplatzbedarf.

Elektronische Post

UNIX hat die Funktion einer **elektronischen Post**: die Benutzer können sich untereinander Dokumente, Nachrichten und Berichte zusenden und empfangen. Dabei handelt es sich um Dateien, die vom Editor oder von anderen Programmen erzeugt worden sind. Dateien können in einer externen Speichereinheit gespeichert werden, und jeder Benutzer hat seine eigene Briefkastendatei in einem externen Speicher. Wenn jemand elektronische Post erhält, wird diese in seiner Briefkastendatei angesammelt. Es ist möglich, elektronische Post an zwei oder mehrere Benutzer gleichzeitig zu schicken. Die Datei, die verschickt wird, kann vorher mit einem Editorprogramm erstellt worden sein; sie kann aber auch während der Übertragung direkt über die Tastatur eingegeben werden.

Jeder Benutzer hat seine eigene Briefkastendatei auf einem externen Speichergerät

Wenn ein Benutzer Post bekommen hat, erscheint auf seinem Bildschirm die Nachricht „Sie haben Post“, wenn er sich in das System einschaltet. Der Benutzer kann entscheiden, ob er die Post sofort lesen will oder nicht. Der „Brief“ bleibt solange in der Briefkastendatei, bis der Benutzer ihn weiter verarbeitet.

Wenn der Benutzer die Post auf seinem Bildschirm anzeigen lassen will, um sie zu lesen, werden zuerst der Name des Absenders und das Datum, an dem der Brief abgeschickt wurde, angezeigt; danach folgt der Inhalt. Nachdem der ganze Brief angezeigt wurde, fragt der Computer den Benutzer, ob der Brief gespeichert oder gelöscht werden soll. Wenn er gespeichert werden soll, hat der Benutzer die Wahl, ihn in der Briefkastendatei zu lassen oder ihn in seiner eigenen separaten Datei zu speichern. Die Ausgabe kann auch über einen Drucker erfolgen, wenn man den Brief auch auf Papier zur Verfügung haben will. Der Briefkasten ist geschützt, so daß andere Leute den Inhalt nicht lesen können[1].

Im Gegensatz zum Telefon ergibt sich bei der elektronischen Nachrichtenübermittlung nie das Problem, daß eine Leitung besetzt ist, so daß ein Brief jederzeit abgeschickt werden kann. Der Empfänger muß seine Arbeit nicht unterbrechen, um die Mitteilungen zu empfangen, wie dies bei einem Telefongespräch der Fall ist; er kann seine Post anschauen, wann immer er will.

Die elektronische Post hat gegenüber der normalen Post den Vorteil, daß kein Transport zum Empfänger erforderlich ist. Außerdem vereinfacht sie das Kommunikationsproblem zwischen Menschen, die in verschiedenen Zeitzonen arbeiten. Informationen über den Verlauf einer Arbeit oder die Änderungen eines Planes können ohne einen direkten Kontakt ausgetauscht werden.

Die Möglichkeit, Dateien zu jeder beliebigen Zeit abschicken zu können, erhöht die Effizienz der Büroarbeit beträchtlich. Ein Beispiel: Ein Dokument, das für eine Besprechung benötigt wurde, mußte früher kopiert und dann an die einzelnen Teilnehmer verteilt werden; jetzt kann es mit Hilfe der elektronischen Post an alle gleichzeitig verschickt werden. Nur die Personen, die wirklich eine schriftliche Kopie brauchen, drucken das Dokument aus, wodurch sich eine beträchtliche Papierersparnis ergibt. Das Versenden von Rundschreiben innerhalb einer Firma und das unverzügliche Erteilen von Genehmigungen durch einen Vorgesetzten sind nur zwei Beispiele für die Möglichkeiten, die die elektronische Post bietet.

---

[1] Sollte jedoch jemand anders das UNIX-System unter Ihrem Login-Namen benutzen, kann er auch Ihre Post lesen. Vgl. dazu in Kapitel 4 den Abschnitt über die „Steuerung des Benutzer-Zugriffs“

Elektronische Post

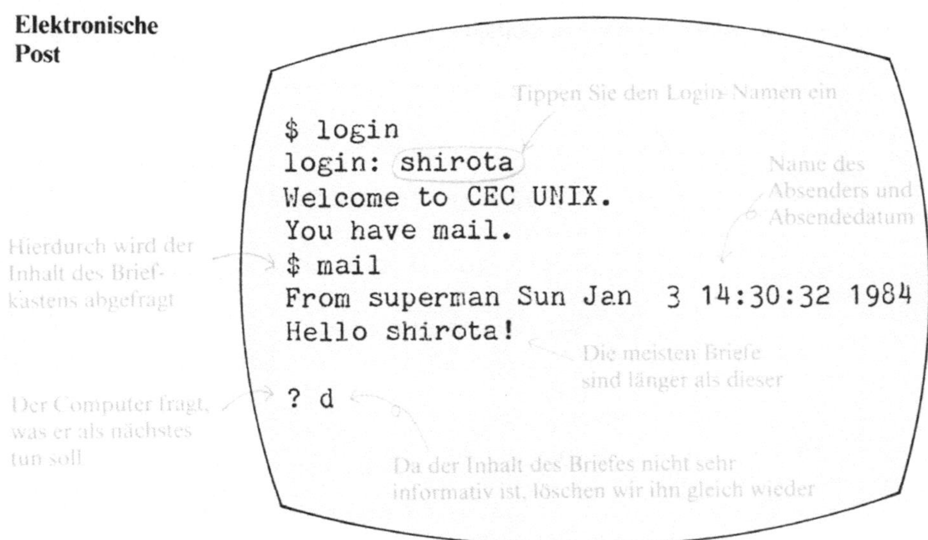

Kommunikation zwischen Terminals

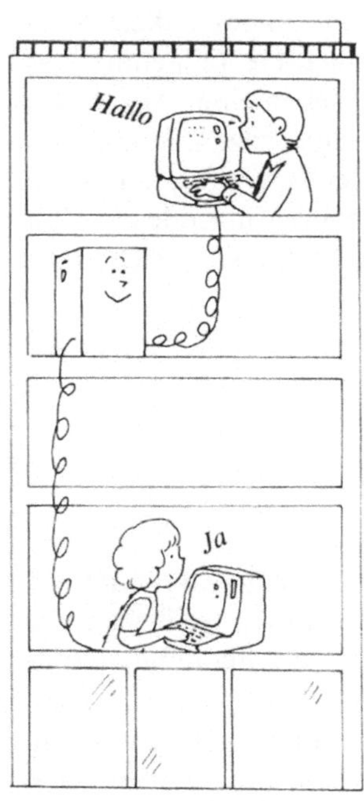

UNIX erlaubt es den Benutzern, zwischen den Terminals Nachrichten auszutauschen

UNIX erlaubt Benutzern, die einen Computer zur gleichen Zeit benutzen, über ihre Bildschirme und Tastaturen miteinander zu kommunizieren. Ein Benutzer schickt eine Nachricht ab, die auf dem Bildschirm eines anderen erscheint, der wiederum seine Antwort abschickt, die auf dem Bildschirm des ersten angezeigt wird. Es wird zwar auch etwas Zeit benötigt, um eine Nachricht auf diese Weise zu übermitteln, aber eine schnelle Schreibkraft wird sich dadurch kaum beeinträchtigt fühlen. Wenn ein Benutzer mit seiner Arbeit beschäftigt ist und sich an dieser Art der Kommunikation nicht beteiligen will, oder wenn etwas auf dem Bildschirm steht, das nicht mit den Mitteilungen anderer Benutzer vermischt werden soll, kann das Terminal so eingestellt werden, daß die Kommunikation unterbleibt. Mitteilungen können an zwei oder mehrere Terminals gleichzeitig geschickt werden, sofern sie eingeschaltet sind. Dadurch ist eine komfortable Möglichkeit gegeben, z. B. die Teilnehmer einer Konferenz einzuladen; oder der für das

Anwendung von „write" zur Kommunikation zwischen Terminals

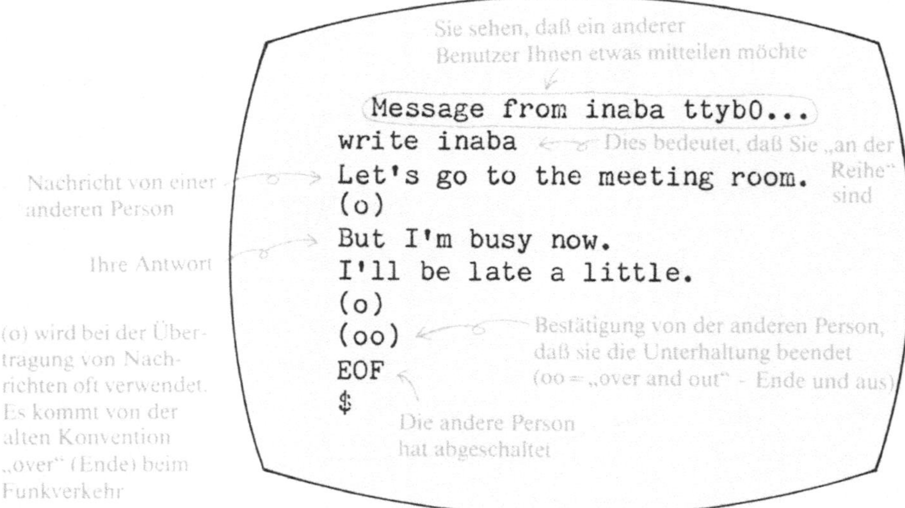

System Verantwortliche kann die Benutzer darüber informieren, daß der Computer abgeschaltet wird.

Es gibt ein Anwendungsprogramm für UNIX-Systeme, mit dem diese Kommunikationsfähigkeit zu einer Konferenzschaltung für mehrere Teilnehmer ausgedehnt werden kann. Eine Konferenz kann damit zwischen einer Anzahl von Benutzern stattfinden, die jeweils an ihrem eigenen Terminal sitzen. Jede Person kann ihre Meinung über die Tastatur eingeben, wobei der Text sofort auf sämtlichen Bildschirmen - einschließlich dem eigenen - erscheint. Am Ende der Konferenz kann dann jeder Benutzer seine eigene Kopie des Protokolls speichern.

Textverarbeitung

Wenn man bedenkt, welcher Aufwand mit einer herkömmlichen Schreibmaschine erforderlich ist, wenn Tippfehler korrigiert werden müssen, weiß man den Komfort eines **Textverarbeitungssystems** zu schätzen: mit der Schreibmaschine muß oft eine ganze Seite wegen eines einzigen Fehlers neu getippt werden, oder man bringt viel Zeit damit zu, daß man das Papier mit weißer Korrekturflüssigkeit bemalt und darauf wartet, daß sie trocknet. Textverarbeitungssysteme werden - zusammen mit dem Computer und dem Kopiergerät - immer mehr zu einem der drei Statussymbole eines wirklich modernen Büros. Mit Hilfe der Textsysteme konnte die zum Erzeugen eines Dokumentes erforderliche Zeit erheblich reduziert werden, und es ist nun eine Kleinigkeit, ein hervorragend gestaltetes Dokument zu produzieren.

Ursprünglich bezog sich der Begriff „Textverarbeitungssystem" auf ein Gerät, das ausschließlich für das Erstellen von Dokumenten benutzt wurde; in letzter Zeit ist die Entwicklung jedoch dahin gegangen, daß praktisch jeder Computer die Möglichkeit zur Textverarbeitung als eine von vielen Anwendungsmöglichkeiten bietet. Das UNIX-System verfügt über eine **Funktion zur Erstellung und Bearbeitung von Dokumenten** (Formatierung). Normalerweise wird der Editor benutzt, um eine Datei zu erstellen, und anschließend wird ein Anwendungsprogramm zur Aufbereitung der Dokumente benutzt, um eine saubere und einwandfreie Textdarstellung zu erhalten. Der Editor wird nicht nur zum Erstellen von Dokumenten benutzt, sondern auch für andere Zwecke - z. B. zur Eingabe von Programmen - deshalb soll eine nähere Besprechung erst in einem späteren Abschnitt stattfinden, in dem die System-Hilfsprogramme besprochen werden, wogegen wir uns hier darauf konzentrieren wollen, das Anwendungsprogramm zur Textaufbereitung zu erklären.

Dies sind einige typische UNIX-Textverarbeitungsprogramme:

roff
nroff
troff
eqn
tbl
refer

roff, nroff und **troff** sind Programme zur Formatierung von Dokumenten. **roff** erzeugt Ausgabedateien für einen normalen Zeilendrucker, **nroff** erzeugt Ausgabedateien, die von den zusätzlichen Möglichkeiten eines besser ausgestatteten Druckers Gebrauch machen, und **troff** erzeugt Ausgabedateien für Fotosatzgeräte. Die von **troff** erzeugte Ausgabe kann entweder direkt in eine Fotosatzmaschine geschickt oder zunächst z. B. auf einer Diskette zwischengespeichert werden, wobei die Druckvorlage kurzfristig von der Diskettendatei erstellt werden kann. **eqn** wird nur für mathematische Formeln und Gleichungen benötigt, **tbl** dient zur Erstellung von Tabellen, und **refer** ist ein Programm zur Erstellung von Bibliographien.

nroff und **troff** sind nahezu identisch, und es ist möglich, einen Drucker für Testausdrucke zu benutzen, bevor der Text mit der Fotosatzmaschine gesetzt wird. Man braucht einige Zeit, um die zahlreichen Funktionen von **nroff** und **troff** soweit zu erlernen, daß man in der Lage ist, Dokumente in jedem beliebigen Format zu erstellen; deshalb gibt es hierzu Standardprogramme (**ms**, **mm** etc.). Deren Möglichkeiten reichen in den meisten Fällen aus, wenn es sich nicht um sehr spezialisierte Dokumente handelt.

Die Kommandos zur Formatierung werden in den Text des Dokumentes eingefügt. Die Kommandos können mit Hilfe eines Editors eingefügt werden oder aber von vornherein zusammen mit dem Text eingegeben werden. Die Kommandos werden mit einem Punkt eingeleitet, damit sie vom übrigen Text unterschieden werden können; außerdem besteht die Möglichkeit,die Kommandos zu entfernen, so daß nur der Text übrig bleibt.

Wird z. B. das Standardprogramm „**ms**" benutzt, sieht der erste Teil eines Dokuments wie folgt aus:

- **TL** Titel des Dokuments
- **AU** Autor
- **AI** Institution des Autors
- **AB** Zusammenfassung (abstract)
- **AE** Ende der Zusammenfassung (abstract end)

Darauf folgt der Haupttext des Dokuments.

nroff verfügt z. B. über folgende Möglichkeiten:

- Rechter Randausgleich, Zentrierung, linker Randausgleich
- Wahl des Schrifttyps:
  Fettdruck
  Kursivschrift
- Unterstreichen
- Angabe des Zeichenabstands
- Angabe von Fußnoten
- Zeichnen von Umrandungen
- Wahl des Formats:
  Randeinstellung
  Spaltenbreite
  Breite der Leerzeichen

ms verfügt über die folgenden Möglichkeiten zum Erstellen von sauberen, wohlformatierten Dokumenten:

- Titel
  Überschriften
  Untertitel
  Angabe der Titelposition (rechts, zentriert, links)
  automatische Seitennumerierung
- Mehrere Spalten
- Kapitel-Überschriften
  Automatischer Fettdruck oder Gotisch
  Automatisches Einrücken
  Automatische Zählung der Kapitelnummern

nroff und **troff** bieten viele weitere Möglichkeiten, die über die von **ms** hinausgehen.

Beispiel für ein Dokument, das mit einem Standard-Spezifikationen-Makro-Paket erstellt wurde[1]

IV. Definition of PICCOLO

Extension of the relational model to satisfy Requirement 3.

As explained in the previous section, the capability to represent an object, a relationship and a relationship among relationships is required for the framework. To represent them, the relational model proposed by Codd[6] was extended and named PICCOLO.

Definition of PICCOLO

A relation R in PICCOLO is defined as follows:
R$$NxN[1]xR[1]xN[2]xR[2]x...xN[k]xR[k]xD[1]xD[2]x...xD[m]
where N, N[i] are tuple id domains,
R[i] is a set of relation names, and
D[i] is a domain.

Suppose that t=(n,n[1],r[1],n[2],r[2],...,n[k],r[k],d[1],d[2],...,d[m])$$R. Then, n is a tuple id given to the tuple t, n[i] and r[i] are used as a pair to specify another tuple of a relation r[i] with a tuple id n[i], d[i] is a value associated to the tuple t. The tuple t represents a k-ary relationship among tuples which are specified by (n[1],r[1]), (n[2],r[2]), ..., and (n[k],r[k]). From the uniqueness of the tuple id in a same relation, the next condition has to hold.
$$t,t'$$R((n,...)=t$$(n',...)=t'$$n=n'$$t=t').

But we do not impose stronger condition that asserts the uniqueness of the tuple id in different relations.
$$t$$R$$t'$$R'((n,...)=t$$(n',...)=t'$$n=n'$$t=t'$$R=R').

That is, a tuple id is not unique in the database except within one relation. Hence, it is necessary to use a pair (n[i],r[i]) to specify a tuple in the database. By defining tuple ids relative to each relation, the modularity of the system increases.

The values of a tuple id domain are system defined except in case of a generic tuple, and hence invisible to the users. Other domains are called visible. In this definition, N, N[i] are invisible domains, and R[i] and D[i] are visible domains. To visualize what is represented by a tuple, we illustrate it as Figure 3. In this figure, a tuple (n,n[1],r[1],n[2],r[2],n[3],r[3], d[1],d[2],...,d[m]) is illustrated. A pair (n[i],r[i]) is represented by an arrow to the specified tuple. A value is not described explicitly if the value is not concerned.

Restriction to PICCOLO

PICCOLO is quite general and it is possible to write an abnormal tuples such as shown in Figure 4. To inhibit the abnormal cases, for error prevention, and to ease integrity assurance tasks, we defined a subclass of PICCOLO which does not allow the abnormal cases and is still general enough to represent relationships among relationships. The subclass of PICCOLO defined here is an n-stratified PICCOLO which is explained below.

[1] Auszug aus „Logic for a Picture Database Computer and Its Implementation" von K. Yamaguchi und T. L. Kunii, Department of Information Science, Faculty of Science, The University of Tokyo

eqn ist ein Programm für den Fotosatz komplizierter mathematischer Formeln und Gleichungen, und **neqn** ist ein ähnliches Programm für die Ausgabe mit einem Drucker. Diese Programme sind in wissenschaftlichen und Ingenieurabteilungen sehr nützlich, da dort zahlreiche Texte mit mathematischen Formeln geschrieben werden. Einige Möglichkeiten dieser Programme werden auf den folgenden Seiten gezeigt. Leser, die sich nicht für den Fotosatz von mathematischen Formeln interessieren, können die folgenden Erläuterungen von **eqn** überspringen.

Grundlegende Möglichkeiten von EQN

- Griechische Buchstaben (Groß- und Kleinbuchstaben)

  pi → π

- Sonderzeichen

  (Die Zeichenketten auf der linken Seite werden von **eqn** in die Symbole auf der rechten Seite umgewandelt.)

inf	→	∞	int	→	$\int$	...	→	$\ldots$	>=	→	$\geq$
half	→	½	union	→	$\cup$	!=	→	$\neq$	->	→	$\rightarrow$
grad	→	∇	inter	→	$\cap$	+=	→	$\pm$			
sum	→	Σ	approx	→	$\approx$	==	→	$\equiv$			

- Angabe von Leerzeichen
- Hoch- und Tiefstellen x sup 2 → x^2 x sub i → x_i
- Brüche $a+b+c$ over $\{a+b\}$ → $\dfrac{a+b+c}{a+b}$
- Wurzelsymbole sqrt xy → $\sqrt{xy}$
- Summen, Produkte, Grenzwerte
- Typspezifikationen
- Symbole zur Unterscheidung verschiedener Variablen, die mit dem gleichen Buchstaben bezeichnet werden

  x Tilde → $\tilde{x}$ x „mit Dach" → $\hat{x}$

- Geschweifte Klammern

  left $\{a$ over b right$\}$ → $\left\{\dfrac{a}{b}\right\}$

- Matrizen

Diese Formatspezifikationen und Symbole sind Standard, wodurch das Erstellen von wissenschaftlichen Texten mit Hilfe von **eqn** sehr erleichtert wird.

EQN Ausgabe-Beispiele

Natürlich erhält man die bestaussehende Druckausgabe mit Hilfe der Programme **eqn** und **tbl** in Verbindung mit einer entsprechenden Fotosatzmaschine; doch sofern ein Drucker nur halbschrittfähig ist, können Ausgaben wie die folgenden erzeugt werden

Beispiel 1

Programm 1

Gibt an, daß ein horizontaler Bruchstrich zu verwenden ist

```
.EQ
d over dt AB
~=~
dA over dt ~x~ B
+
A ~x~ dB over dt
.EN
```

Diese Zeile besagt, daß $\frac{d}{dt}$ AB ausgedruckt werden soll

Hierdurch werden Leerzeichen ausgegeben

Ausgabe 1

$$\frac{d}{dt}AB \quad = \quad \frac{dA}{dt} \quad x \quad B + A \quad x \quad \frac{dB}{dt}$$

Beispiel 2

Programm 2

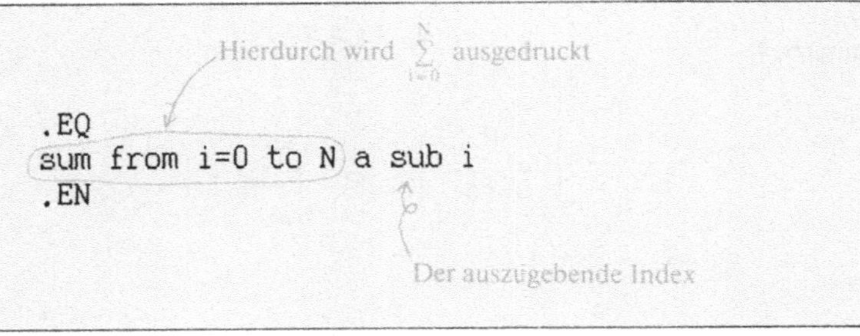

Ausgabe 2

$$\sum_{i=0}^{N} a_i$$

Beispiel 3

Programm 3

```
.EQ
lim from {n -> inf }~na sub n ~=~
   {f(+0)~-~f(-0)} over 2
.EN
```

Pfeil — ∞ Unendlichzeichen — Nenner — Zähler — Bruch soll mit horizontalem Bruchstrich geschrieben werden

Ausgabe 3

$$\lim_{n \to \infty} na_n = \frac{f(+0) - f(-0)}{2}$$

Beispiel 4

Programm 4

```
.EQ
{L sup -1}
left [
pile {e sup {{-t sub 0} s} over s+a }
right ]
~=~
left{
 lpile {0 above e sup {-a(t- t sub 0 )} }
~~lpile
  { if~t<{t sub 0} above if~{t sub 0}<t  }
.EN
```

Linke und rechte Klammern — Hochstellen — Nenner — Linke Klammer — Erste Spalte — Unterscheidung zwischen den Elementen — Zweite Spalte

Ausgabe 4

$$L^{-1}\left[\frac{e^{-t_0 s}}{s+a}\right] = \begin{cases} 0 & \text{if } t < t_0 \\ e^{-a(t-t_0)} & \text{if } t_0 < t \end{cases}$$

Beispiel 5

Programm 5

Der griechische Buchstabe Kappa „κ"

Leerzeichen vor und nach dem „+"

```
.EQ
kappa~=~(    x'' sup 2~ + ~
             y'' sup 2~ + ~
             z'' sup 2~
           ) sup half
.EN
```

1/2 als Exponent

Ausgabe 5

$$\kappa \quad = \quad (\; x''^2 \quad + \quad y''^2 \quad + \quad z''^2 \quad)^{1/2}$$

Beispiel 6

Programm 6

Der griechische Buchstabe Tau „τ"

```
.EQ
tau~=~1 over kappa sup 2
left |
  pile {x' above x'' above x'''}    ← Erste Spalte
~~pile {y' above y'' above y'''}    ← Zweite Spalte
~~pile {z' above z'' above z'''}    ← Dritte Spalte
right |
.EN
```

Spaltennotation

Die Determinante soll durch senkrechte Striche eingeschlossen werden

Ausgabe 6

$$\tau \quad = \quad \frac{1}{\kappa^2} \left| \begin{matrix} x' & y' & z' \\ x'' & y'' & z'' \\ x''' & y''' & z''' \end{matrix} \right|$$

tbl ist ein Programm, mit dem man leicht schwierige Tabellen erstellen kann. Es bietet folgende Möglichkeiten:

Erstellen von Umrandungen
Rechter Randausgleich, Zentrierung, linker Randausgleich
Festlegung der Dezimalstellen
Typspezifikation
Spezifikation des Tabellenformats

refer ist ein Programm zum Erstellen von Bibliographien. Will man **refer** benutzen, so muß zuvor eine Datenbank der Referenzliteratur aufgebaut werden.

ABA	abet	abound	absinthe
Ababa	abetted	about	absolute
aback	abetting	above	absolution
abalone	abeyance	aboveboard	absolve
abandon	abeyant	aboveground	absorb
abase	abhorred	abovementioned	absorbent
abash	abhorrent	abrade	absorption
abate	abide	Abraham	absorptive
abbas	Abidjan	Abram	abstain
abbe	Abigail	Abramson	abstention
abbey	abject	abrasion	abstinent
abbot	ablate	abrasive	abstract
Abbott	ablaze	abreact	abstractor
abbreviate	able	abreast	abstruse
abc	ablution	abridge	absurd
abdicate	Abner	abridgment	abuilding
abdomen	abnormal	abroad	abundant
abdominal	Abo	abrogate	abusable
abduct	aboard	abrupt	abuse
Abe	abode	abscess	abusive
abed	abolish	abscissa	abut
Abel	abolition	abscissae	abutted
Abelian	abominable	absence	abutting
Abelson	abominate	absent	abysmal
Aberdeen	aboriginal	absentee	abyss
Abernathy	aborigine	absenteeism	Abyssinia
aberrant	aborning	absentia	
aberrate	abort	absentminded	

Hier ist ein Beispiel der englischen Wörterliste, die in UNIX enthalten ist. Hier handelt es sich um die Wörter, die mit „ab" beginnen. Man erhält eine solche Liste mit Hilfe des UNIX-Kommandos **look**

Beispiele für Tabellen, die mit TBL erzeugt wurden

```
.TS
allbox;
c s s          } Tabellenformat
c c c
n n n.
SALES PER DAY
Food     Price     Number
hamburger          180     321
orange juice       150     189
cola               150     202
apple pie          130     56
ice cream          120     131
fried potato       150     218
.TE
.sp
.sp
.sp
.sp
.sp
.sp
.TS
box;
cb s s s s
cp-2 s s s s                } Tabellenformat
c || c | c | c | c
c || n | n | n | n.
Average Temperature (9 P.M.)
(atmospheric pressure of 500 mb)
=  ← Doppelte waagrechte Linien
Place   Jan     Feb     Mar     Apr
_  ← Einfache waagrechte Linien
Akita   -30.9   -30.9   -29.4   -20.3
Sendai  -28.6   -28.5   -27.2   -18.3
Wajima  -28.2   -28.1   -26.3   -18.2
Sapporo -33.7   -34.7   -32.3   -24.0
Nemuro  -33.5   -34.4   -32.2   -24.1
.TE
```

Ergebnis der Druckerausgabe

SALES PER DAY		
Food	Price	Number
hamburger	180	321
orange juice	150	189
cola	150	202
apple pie	130	56
ice cream	120	131
fried potato	150	218

Ergebnis der Druckerausgabe

Average Temperature (9 P.M.) (atmospheric pressure of 500 mb)				
Place	Jan	Feb	Mar	Apr
Akita	-30.9	-30.9	-29.4	-20.3
Sendai	-28.6	-28.5	-27.2	-18.3
Wajima	-28.2	-28.1	-26.3	-18.2
Sapporo	-33.7	-34.7	-32.3	-24.0
Nemuro	-33.5	-34.4	-32.2	-24.1

-- CEC8000 SUPER COMPUTER --

SUMMARY

HARDWARE SPECIFICATION		
CPU = Z8001	Address space	8 Mbyte (max)
	Clock rate	4 MHz or 6 MHz
	Registers	16 x 16-bit
	Data types	bit, digit, byte, word, long word, byte string, word string
	Addressing modes	IM, R, IR, DA, X, RA, BA, BX
	Instruction sets	105
	Interrupts	3 levels, 128 vectors
Memory	Capacity	128/256/512 Kbyte
MMU = Z8010	Segments	128 x 64 Kbyte
	Protection	RD, EXC, CPUI, DMAI, SYS
Floppy disks	Capacity	4 x 1.2 Mbyte (max)
Winchester disks	Capacity	4 x 10/20/40 Mbyte (max)
Magnetic tape	Density	800/1600 BPI
Timers		3
Serial ports		10 RS232ç's (max)
Parallel ports		1 (printer)
Terminals		10 (max)
	Screen	12 inch green phosphor CRT
	Display capacity	80 columns x 24 lines
	Transfer rate	9600 baud
	Character sets	95 ASCII printable, 31 graphic
	Keyboard	full ASCII, ten-key
Printer	Type	dot matrix impact printer
	Resolution	4,7 dots/mm
	Speed	180 characters/sec. (max)
	Dot mode	available

SOFTWARE SPECIFICATION		
Operating systems	UNIX	multi-user interactive OS
	UCSD Pascal	single-user interactive OS
Languages	UNIX	assembler, language C, FORTRAN, COBOL, BASIC
	UCSD Pascal	assembler, Pascal
Word processor	UNIX	editor, formatter, spelling corrector
	UCSD Pascal	editor
Office automation	UNIX	electronic mail, information retrieval
Graphics	UNIX	
DBMS	UNIX	SQL-like

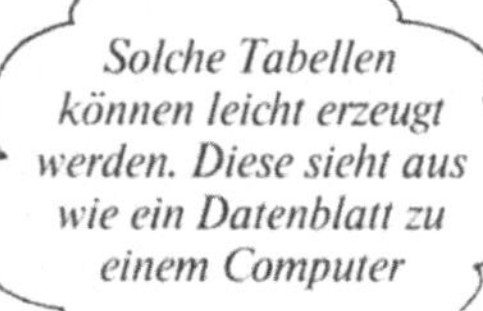

UNIX erlaubt es, diese Textverarbeitungsprogramme zu kombinieren, um optisch gut gestaltete Dokumente zu erzeugen. Gegenüber einem reinen Textverarbeitungssystem bietet UNIX die folgenden Vorteile:

- Alle UNIX-Dateien können benutzt werden.
- Im Text können numerische Berechnungen durchgeführt werden.
- Die Ausgabe kann über verschiedene Peripheriegeräte des UNIX-Systems erfolgen.

UNIX ist wahrscheinlich das beste Textverarbeitungssystem zum Erstellen von Computer-Handbüchern, anspruchsvollen Geschäftsdokumenten, technisch-wissenschaftlichen Dokumenten, die mathematische Ausdrücke enthalten, sowie in zahlreichen weiteren Anwendungsbereichen.

UNIX enthält ein umfangreiches englisches „Wörterbuch" (nur Wörter, keine Erläuterungen), mit dem Texte auf Rechtschreibfehler hin überprüft werden können. Der Computer überprüft, ob alle Wörter des Dokuments in seinem Wörterbuch enthalten sind; die Wörter, die er nicht findet, werden auf dem Bildschirm angezeigt, da sie eventuell falsch geschrieben sein können. Das Wörterbuchprogramm kann außerdem die Häufigkeit ermitteln, mit der die Wörter in einem Text erscheinen, um dann eine Liste derjenigen Wörter auszugeben, die im Text häufiger als erwartet auftreten.

Datenbank-Verwaltungssysteme

Zu den Datenbank-Verwaltungssystemen, die unter UNIX laufen, gehört das berühmte Programm **ingres** (INteractive Graphics and REtrieval System), das an der University of California in Berkeley entwickelt wurde. **ingres** ist ein vollständiges relationales Datenbank-Verwaltungssystem, das unter Verwendung des Compiler-Compilers **yacc** in der Sprache C geschrieben wurde.

Der Benutzer verwendet eine spezielle Sprache namens **quel** (QUEry Language), um die gewünschten Informationen aus der Datenbank zu erhalten, sie weiter zu verarbeiten und in eine Form zu bringen, die seinen Zwecken entspricht. **quel** stellt eine Schnittstelle zwischen den Benutzern und der Datenbank dar.

Eine relationale Datenbank speichert Informationen in Form einer Tabelle. Zu den grundlegenden Operationen, die mit einer relationalen Datenbank durchgeführt werden können, gehören die Kombination von zwei oder mehreren Daten, das Suchen von Datensätzen, die bestimmte Kriterien erfüllen, das Löschen von doppelten Datensätzen, damit jeder Datensatz eindeutig ist.

Nehmen wir z. B. an, daß wir eine Datenbank zur Gehaltsabrechnung haben, die die folgenden Informationen über jeden Angestellten enthält:

- Name
- Abteilung
- Monatsgehalt
- Geburtsdatum
- Geburtsort

Mit dem Datenbanksystem können dann auf einfache Weise z. B. die folgenden Operationen und Abfragen durchgeführt werden:

- Man kann sämtliche Informationen über den Angestellten Richardson erhalten.
- Die Namen und Monatsgehälter sämtlicher Mitarbeiter aus bestimmten Abteilungen können ermittelt werden.
- Die Monatsgehälter aller Mitglieder der Abteilung X, die 40 Jahre alt oder älter sind (das Alter kann aus dem Geburtsdatum errechnet werden), können um einen einheitlichen Betrag von z. B. DM 400.- erhöht werden.
- Eine neue Datenbank kann erzeugt werden, die die Namen aller Angestellten mit ihrem jeweiligen Bonus enthält. Das sechsfache des monatlichen Gehalts (ein typischer Jahresbonus in japanischen Firmen) wird als Bonusbetrag verwendet.

Sehen wir uns nun einmal an, was die Sprache **quel** von **ingres** kann. Bei einer Recherche können z. B. die folgenden Bedingungen angegeben werden:

=	gleich
!=	ungleich
>, >=, <, <=	größer, größer gleich, kleiner, kleiner gleich

Diese Vergleichsoperatoren können logisch miteinander kombiniert werden, um die logischen Verknüpfungen „und“, „oder“ und „nicht“ zu bilden.

Die Daten, auf die diese Bedingungen zutreffen, können auf beliebige Weise angeordnet werden. Zur Erzeugung neuer Daten können mit numerischen Werten die folgenden Operationen durchgeführt werden:

+	Addition
–	Subtraktion
/	Division
*	Multiplikation
**	Potenzierung
abs	Absolutwert
mod	Modulus (Rest einer Division)

Die Namen der Datenelemente können geändert und neue hinzugefügt werden. Bei einer Suche mit Bedingungen können mnemotechnische Bezeichnungen als Schlüssel verwendet werden, da es eine Funktion zum Erkennen von Zeichenketten gibt.

Zu den weiteren Möglichkeiten gehört das Zählen von Datensätzen, die einer bestimmten Bedingung genügen, Ermitteln der Maximum- und Minimumwerte dieser Daten sowie das Aufaddieren und Bilden des Mittelwertes. Statische Informationen aus Tabellen können mit Hilfe der Funktionen **avg** und **sum** sehr schnell ermittelt werden. Datenelemente können beliebig ersetzt, gelöscht oder hinzugefügt werden. Ein solches Datenbank-Verwaltungssystem verspricht eine große Steigerung der Effektivität der Büroarbeit.

Es gibt noch viele andere kommerziell verfügbare Datenbank-Verwaltungssysteme, die unter UNIX laufen.

Computer-Netzwerke

Mit der zunehmenden Büro-Automatisierung erweist sich ein einziger Computer manchmal als nicht mehr ausreichend, und es wird notwendig, zwei oder mehr Computer zu einem **Computer-Netzwerk** zusammenzuschließen. Die gegenseitigen Interaktionen zweier oder mehrerer Computer ermöglichen es, eine größere Zahl von Dateien zu benutzen. Der Bereich, in dem die elektronische Post genutzt werden kann, erweitert sich, und sowohl die Hardware als auch die Software können besser genutzt werden. Netzwerke können z. B. sinnvoll sein, um die Arbeit der Mitglieder eines Teams zu koordinieren. Ein Netzwerk kann den Zugriff auf die Geräte eines entfernt aufgestellten Systems ermöglichen. So können z. B. ein Laserdrucker, eine optische Platte, ein Bandlaufwerk zur Datensicherung und ein Fotosatzgerät direkt an bestimmte entfernt aufgestellte Computer angeschlossen werden.

UNIX bietet Kommunikationsmöglichkeiten für Computer, die im selben Gebäude stehen, wie auch Verbindungsmöglichkeiten über Telefonleitungen. Das Programm **uucp** z. B. überträgt Dateien zwischen Computern, auf denen UNIX läuft, und **uux** ermöglicht die Ausführung von Kommandos aus der Ferne. Ein UNIX-System kann ein anderes UNIX-System (an)rufen, welches selbst wiederum ein anderes UNIX-System (an)rufen kann. Außerdem gibt es das Program **rje**, mit dem man von einem UNIX-Computer aus eine IBM/360 oder 370 benutzen kann, die sich an einem anderen Ort befindet.

Ein UNIX-Computer-Netzwerk ist das **Berknet** der University of California in Berkeley. Einige Dutzend großer und kleiner Computer sind durch dieses Netzwerk miteinander verbunden. Zwischen diesen Computern können Dateien übertragen werden, Kommandos können von einem anderen Ort aus ausgeführt werden, elektronische Post kann verschickt und empfangen werden, und Druk-

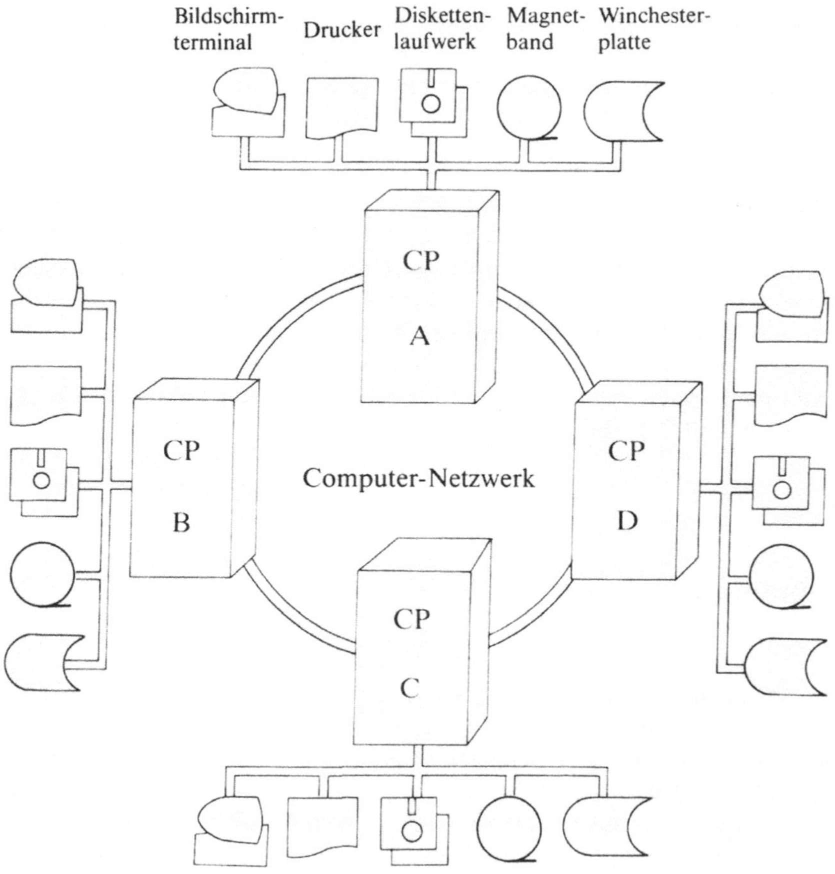

ker und Fotosatzgeräte können an einem entfernten Ort benutzt werden. Überall auf dem Campus steht die gleiche Computerausstattung zur Verfügung. Ein anderes Computer-Netzwerk ist ECN (Engineering Computer Network) an der Purdue Universität und das Setnet Computer-Netzwerk an der Keio Universität in Japan. In der UNIX 4.2 BSD Version gibt es viele Netzwerk-Funktionen, die in ARPANET benutzt werden, einem der größten Computer-Netzwerke in Amerika.

Lassen Sie uns die Computer-Netzwerke nun etwas näher betrachten.

Computer-Netzwerke werden nach ihrer Übertragungsgeschwindigkeit und -distanz klassifiziert.

	Geschwindigkeit	Distanz
Wide-area network	10^3 bis 10^5 Bits/s	Mehrere km oder mehr
Local area network	10^6 Bits/s oder mehr	Mehrere km oder weniger

ARPANET ist ein Beispiel für ein wide-area Netzwerk. Das Netzwerk mit der höchsten Verarbeitungskapazität ist das Hyperchannel Netzwerk, und **Ethernet** rangiert etwa in der Mitte. Ethernet wird als besonders interessantes Netzwerk für die zukünftige Büro-Automatisierung angesehen.

Ethernet wurde zuerst im Jahre 1976 von der Xerox Corporation angekündigt. Im September 1980 kündigten dann drei Firmen gemeinsame Spezifikationen an: Xerox, Intel und DEC. Es ist jetzt das einzige lokale Netzwerk, dessen Spezifikationen veröffentlicht worden sind. Über 100 Firmen, darunter solche Giganten wie IBM und AT&T, haben Lizenzen zur Benutzung von Ethernet erworben.

Die 3Com Company, ein Hersteller der OEM-Hardware für Ethernet, hat ein Programm namens UNET angekündigt, mit dem Informationen mit Ethernet übertragen werden können. Wie Sie vielleicht am Namen erkennen können, läuft es unter UNIX. Ein anderes Netzwerk, LocalNet von der Sytek Corporation, ist ein lokales Breitband-Netzwerk, das sowohl Computer- als auch Videosignale über einen weiten Frequenzbereich übertragen kann. Es wird inzwischen an vielen Orten verwendet, unter anderem an der Universität von Utah. Lokale Netzwerke werden immer öfter in der Büro-Automatisierung benutzt, und viele dieser Systeme laufen unter UNIX. So betreibt z. B. die Universität von Tokio ein Computer/Video-Konferenz-System mit dem Namen Crossover Net über LocalNet.

Einige Dutzend Firmen haben lokale Netzwerke angekündigt, die jedoch noch nicht alle auf dem Markt bzw. betriebsbereit sind. In der folgenden Tabelle sind einige lokale Netzwerke sowie die Herstellerfirmen aufgeführt.

Lokales Netzwerk	Name des Unternehmens
Ethernet	DEC, Intel, Xerox, 3Com, AMD, Mostek, Zilog u. a.
ARC	Datapoint
Hyperchannel	NSC
LocalNet	Sytek/NRC
Wangnet	Wang
Net/One	Ungermann Bass
Cluster/One	Nestar
Polynet	Logica
LCN	Control Data
Modway	Modcon Division of Gould
Omnilink	Northern Telecom
Primenet	Prime Computer
Z-Net	Zilog

Komplett-Systeme zur Büro-Automatisierung

Benutzt man ein Büro-Automatisierungs-System unter UNIX, so hat dies den großen Vorteil, daß die vom Benutzer entwickelte Software mit in das System integriert werden kann. Es werden zwar viele Textverarbeitungssysteme für das Büro angeboten, doch die Kalkulationsprogramme für das eigene Geschäft laufen nicht darauf. Dies Problem kann dadurch gelöst werden, daß man einen universell verwendbaren Computer mit UNIX benutzt, der dann sowohl für die Textverarbeitung wie für die Geschäftskalkulation benutzt werden kann.

Es ist uneffizient, eine Vielzahl verschiedener Büromaschinen zu kaufen, die sich nicht in ein System integrieren lassen. In Zukunft wird es immer wichtiger werden, für die Büro-Automatisiernug vollständig integrierte Systeme zu verwenden.

Interactive Systems Corporation, einer der größten amerikanischen Hersteller von Büro-Automatisierungs-Systemen, hat sich für die Verwendung von UNIX in der Büro-Automatisierung eingesetzt. Diese Firma benutzt eine Version von UNIX mit der Bezeichnung IS/1, die ein erweitertes Textverarbeitungsprogramm mit dem Namen INword und einen erweiterten Editor namens INed enthält. Dieses System unterstützt auch sowohl die firmeninterne Kommunikation wie auch die zwischen verschiedenen Firmen.

Probleme der Textverarbeitung mit Begriffszeichen

Eines der größten Probleme für UNIX und andere amerikanische Betriebssysteme besteht darin, daß man zwar das lateinische Alphabet benutzen kann, jedoch nicht die japanische Sprache oder andere Sprachen, die dieselben Schriftzeichen benutzen, wie das Koreanische und das Chinesische. Dies bedeutet, daß sich UNIX zwar für die Textverarbeitung in westlichen Ländern, wie den Vereinigten Staaten, eignet, weniger jedoch für solche Länder wie China, Korea oder Japan. Zu den Textverarbeitungsfunktionen von UNIX gehören Programme, die die Tastatureingabe auf Fehler hin überprüfen, doch diese Programme sind bei Begriffszeichen nutzlos. Die englische Wörterbuch-Datenbank und das Programm, das beurteilt, ob ein Wort „englischähnlich" ist oder nicht, kann nur für das Englische benutzt werden.

Computerbenutzer im Fernen Osten warten schon ungeduldig auf den Tag, an dem ein Textverarbeitungssystem, daß auch Begriffszeichen verarbeiten kann, für UNIX verfügbar sein wird. Zur Zeit laufen verschiedene Versuche, die zu diesem Ziel führen sollen.

Entwicklung von Software für die Büro-Automatisierung

Es wurde zwar schon viel UNIX-Software für die Büro-Automatisierung entwikkelt, aber es ist trotzdem nur natürlich, daß diese Software nicht immer genau den Anforderungen einer bestimmten Firma entspricht, wie dies bei individuell entwickelter Software der Fall ist. Die Entwicklung von Anwendungsprogrammen für die Büroarbeit wird manchmal von den Benutzern selbst durchgeführt, häufiger jedoch an Softwarefirmen vergeben.

Bei der Entwicklung spezieller Software kommt der Tatsache, daß UNIX ein hervorragendes Software-Entwicklungssystem ist, eine sehr große Bedeutung zu. UNIX hat eine große Zahl von Software-Entwicklungswerkzeugen und bietet eine Programmierumgebung, in der sich leicht arbeiten läßt, so daß Software weniger schwierig zu entwickeln ist, als dies sonst der Fall wäre. Ein anderer Vorteil bei der Verwendung von UNIX als Software-Entwicklungssystem liegt darin, daß die Software-Entwicklung auf derselben Hardware erfolgen kann, die für die Büro-Automatisierung selbst verwendet wird. Da für beide dasselbe UNIX-System benutzt wird, kann die Software nach der Fertigstellung sofort in der Praxis benutzt werden.

Mensch-Maschine-Schnittstellen

UNIX bietet dem Benutzer eine günstige Umgebung zur Entwicklung neuer Programme. Wenn man mit UNIX arbeitet, hat man das Gefühl, daß die Arbeit leichter fällt, weniger Anstrengung erfordert und das Programm schneller fertig ist, als dies sonst der Fall wäre. Dies ist kein Zufall. UNIX wurde von führenden Programmierern in den Bell Telephone Laboratories entwickelt, die wußten, was für ein Betriebssystem einfach zu benutzen wäre und was für ein Betriebssystem sie selbst - als die ersten Benutzer - sich wünschten. Einige der Gründe, warum UNIX leicht zu benutzen ist, bestehen darin, daß die Eingabe einfach ist und eine komplette Reihe von Software-Werkzeugen zur Verfügung steht.

Sehen wir uns zunächst an, was es bedeutet, daß die Eingabe einfach ist. Der Begriff **Mensch-Maschine-Schnittstelle** ist seit einiger Zeit in Gebrauch gekommen. Die Schnittstelle vermittelt zwischen einem Menschen und einer Maschine, die Informationen austauschen. Da die menschlichen Sprachen und die Computersprachen verschieden sind, ist die Methode, nach der der Mensch der Maschine Anweisungen geben muß, unnatürlich und kann ermüdend sein. Deshalb hat man sich nach einfacheren Möglichkeiten der Kommunikation mit Maschinen

Beispiel für eine Shell-Prozedur

for ~ do ~ done
case ~ esac (Gegenstück zu „case")

```
for
        arg
do
        case $arg in
                /*)  echo 'cannot begin with /'; exit ;;
        esac
done
        umask 0
        /etc/mount /dev/fd1  /mnt1
        /bin/tar cf - $* ¦ (cd /mnt1; /bin/tar xvf -)
        /etc/umount /dev/fd1
        /bin/sync
```

umgesehen, wie z. B. der Verständigung durch gesprochene Sprache. Vielleicht wäre die Kommunikation mit Hilfe der gesprochenen Sprache leichter als die Verwendung von Tastatur und Bildschirm. Die gesamte Hardware und Software, die zur Vermittlung zwischen dem Menschen und der Maschine dient und als Übersetzer von der menschlichen in die Maschinensprache fungiert und umgekehrt, wird als Mensch-Maschine-Schnittstelle bezeichnet.

Selbst wenn die von Ihnen gewünschte Verarbeitung kompliziert ist, ist es nicht notwendig, ein Programm von Anfang an zu schreiben; oft reicht es vollkommen aus, einige existierende Kommandos miteinander zu kombinieren

In UNIX können Kommandos mit Hilfe eines Kommando-Interpreters, der **shell** genannt wird, sehr einfach benutzt werden. Die Kommandos werden zuerst der Shell übergeben, und die Shell interpretiert sie dann. Nachdem die Kommandoliste ausgewertet worden ist, werden die Kommandos durch den Aufruf der entsprechenden Hilfsprogramme ausgeführt.

Ein Benutzer kann **Shellprozeduren** erzeugen; das sind Dateien, die Kommandos enthalten. Eine Shellprozedur kann wie ein normales Kommando von der Shell ausgeführt werden. In einer Shellprozedur können wie in höheren Programmiersprachen Variablen und verschiedene Anweisungen zur Steuerung der Kommandoabläufe benutzt werden. UNIX-Kommandos können wie Funktionen und Unterprogramme aufgerufen werden, so daß es nicht nötig ist, spezielle Unterprogramme zu schreiben. Alles, was der Benutzer tun muß, ist, die Kommandos zu kombinieren, die er für seine Zwecke braucht. Der Gebrauch von Shellprozeduren erspart oft beträchtlichen Aufwand gegenüber der Verwendung eines Programms in einer anderen Programmiersprache.

Einfache Dateinutzung

Der Begriff „Datei" kann sich sowohl auf einen Ort beziehen, an dem Programme, Daten und Dokumente gespeichert werden, als auch auf dessen Inhalt. Normale Dateien werden magnetisch in externen Speichern gespeichert.

In UNIX bildet das gesamte Dateisystem eine sogenannte **hierarchische Baumstruktur**, die es dem Benutzer erleichtert, seine Dateien zu überschauen. Da der Benutzer die Struktur seines eigenen Dateibereichs selbst bestimmen kann, kann er die Dateien seinen eigenen Wünschen entsprechend anordnen, indem er z. B. zusammengehörige Dateien in Gruppen zusammenfaßt.

Eines der charakteristischen Merkmale von UNIX besteht darin, daß es nur ein einziges Dateiformat gibt, in dem Informationen gespeichert werden können. In UNIX besteht eine Datei nur aus einer Reihe von Zeichen. In vielen anderen Betriebssystemen muß eine Datei Kennzeichnungen für den Beginn und das Ende enthalten, und die gespeicherten Informationen müssen in Datensätze und Blöcke aufgeteilt werden, so daß eine Datei nicht benutzt werden kann, ohne daß eine Reihe von Parametern angegeben werden. Dabei können die Formate in Abhängigkeit vom Inhalt der Datei auch noch unterschiedlich sein, so daß nicht alle Dateien in der gleichen Weise gehandhabt werden können. Es ist umständlich, wenn man sich immer um das Dateiformat kümmern muß. Benutzt man jedoch UNIX, so ist es nicht erforderlich, sich um das Format einer Datei zu kümmern. Dies macht die Dateiverarbeitung erheblich einfacher. UNIX betrachtet Ein- und Ausgabegeräte als Dateien, so daß diese Geräte einfach dadurch genutzt werden können, daß man Anweisungen ebenso formuliert, als seinen sie für Dateien bestimmt.

Der Grund für die Angabe verschiedener Formate bei anderen Betriebssystemen liegt darin, daß die Hardware möglichst effizient genutzt werden soll. Dies bedeutet, daß z. B. die Steuerung der Schreib-/Leseköpfe von Plattenspeichern beim Dateizugriff effektiver erfolgen kann. Bei UNIX ergibt sich durch die vereinfachte Dateiorganisation eine verminderte Effizienz der Hardwarenutzung; dies gilt zumindest für die derzeitigen Versionen des Systems, wobei es vorkommen kann, daß ein Kopf über eine ganze Platte „spaziert", um nach Daten zu suchen.

UNIX ist ein Betriebssystem, bei dem mehr Wert auf einfache Programmiermöglichkeiten als auf die effiziente Nutzung der Hardware gelegt wurde. Wenn Programme mit UNIX erstellt werden, können Dateien einfach verarbeitet und Programme schnell fertiggestellt werden. Dafür nimmt man eine etwas geringere Effizienz in der Hardwarenutzung einfach in Kauf. Berücksichtigt man jedoch, daß einerseits die Hardware zu immer höheren Verarbeitungsgeschwindigkeiten - bei beständig fallenden Preisen - fähig ist, anderseits eine drastisch geringere Strapazierung der Nervenenergien des Programmierers erfolgt, so darf man mit einiger Sicherheit behaupten, daß UNIX insgesamt gesehen sehr viel ökonomischer ist als die anderen Systeme. Dabei ist es natürlich jederzeit möglich, UNIX als Entwicklungssystem zu benutzen, um Software zu entwickeln, die die Hardware effizienter als bisher nutzt, ohne die leichte Handhabung für den Programmierer aufgeben zu müssen. Das neue SYSTEM V von AT&T hat z. B. große Verbesserungen in Hinsicht auf eine effiziente Hardwarenutzung erreicht.

Kombinieren von Programmen

Bei UNIX sprechen wir von einem Daten"fluß" zwischen Programmen, in Analogie zum Fließen von Wasser. Daten werden von einem Programm eingegeben und an ein anderes ausgegeben. So wie das Fließen von Wasser durch Röhren (engl.: pipes) gesteuert werden kann, kann der Datenfluß durch Programme gesteuert werden, die eine ähnliche Rolle wie die Röhren spielen. Ebenso wie eine Röhre eine Einlaß- und eine Auslauföffnung für Wasser hat, besitzt ein Programm einen Standardeingabeanschluß und einen Standardausgabeanschluß für Daten; der Ausgabeanschluß eines Programms kann mit dem Eingangsanschluß eines anderen verbunden werden.

Unter den Programmen, die die Rolle von Röhren (oder Pipes) spielen, gibt es einige, die der Benutzer selbst schreibt und andere, die als Hilfsprogramme zu UNIX gehören. Ein typisches Programm übernimmt den Datenfluß von einer Standardeingabedatei, verarbeitet die Daten in irgendeiner Weise und gibt sie dann auf eine Standardausgabedatei aus. Die Daten haben das einheitliche UNIX-Dateiformat, so daß Programme leicht geschrieben und kombiniert werden können.

Somit ergibt sich, daß bei UNIX alle Verarbeitungsvorgänge als Datenflüsse angesehen werden können, wobei in Wirklichkeit allerdings ein Unterschied zwischen dem „Fließen" von Daten und dem Fließen von Wasser besteht. Wenn Wasser irgendwohin fließt, fließt es dahin und ist dann verschwunden; Daten jedoch können weiterhin in der ursprünglichen Datei bleiben, auch wenn sie zu einem Ausgabegerät, wie z. B. einem Drucker, geschickt werden.

Wenn Sie Wasser ausfließen lassen, ist es anschließend verloren; die Daten aus einer Datei können jedoch kopiert werden und gleichzeitig in der Datei erhalten bleiben ▷

Die Programmiersprache C

Wenn wir daran denken, daß UNIX ein Software-Entwicklungssystem ist, erhalten wir eine Vorstellung von der bedeutenden Rolle, die die Programmiersprache C spielt. UNIX selbst wurde ursprünglich in Assemblersprache geschrieben; es wurde jedoch nahezu vollständig neu in der höheren Programmiersprache C geschrieben, damit es sich leichter auf andere Maschinen übertragen ließ. Deshalb sind die meisten Programme, die mit UNIX laufen, in C geschrieben. Dies liegt nicht etwa daran, daß andere Sprachen besonders schwierig zu gebrauchen wären, vielmehr ist es einfach sehr bequem, C zu benutzen, da hierfür alle möglichen Hilfsprogramme existieren.

C wurde von einem der Leute, die UNIX entwickelt haben, geschaffen, und zwar in erster Linie zu dem Zweck, UNIX selbst zu schreiben. C besitzt eine Reihe von charakteristischen Merkmalen.

Charakteristische Merkmale von C

- Viele Datentypen können verwendet werden.
- Viele Operatortypen können verwendet werden.
- Es gibt zahlreiche Möglichkeiten zur Steuerung des Programmablaufs.
- Programme können separat compiliert werden.
- Ausführbare Programme von hoher Qualität können erstellt werden.

Sehen wir uns nun diese charakteristischen Merkmale von C der Reihe nach an.

Zu den vielen Datentypen, die in C benutzt werden können, gehören alphanumerische Zeichen, kurze Integerzahlen (ganze Zahlen), lange Integerzahlen, Gleitpunktzahlen, doppelt genaue Gleitpunktzahlen, Strukturen, Reihungen (Felder), Funktionen, Zeiger etc.

Weiterhin gibt es zahlreiche Typen von Operatoren, die benutzt werden können. Im Vergleich zu anderen höheren Programmiersprachen ist die Möglichkeit einer detaillierten Verarbeitung auf Bit-Ebene bemerkenswert. Da in C sehr detaillierte Formulierungen möglich sind, können jetzt etliche Programme, die vorher in Assembler geschrieben werden mußten, in C geschrieben werden.

Zu den Anweisungen zur Steuerung des Programmablaufs gehören „if“, „while“, „do“, „switch“, „break“, „continue“, „return“, „goto“ etc., so daß eine strukturierte Programmierung möglich ist. Besonders die Entwicklung umfangreicher Programme ist mit der strukturierten Programmierung einfacher, und die Programme können später auch leichter gelesen werden.

Bei der Verwendung von C ist es üblich, eine Anzahl von Funktionen zu erstellen, die dann zu einem langen Programm verbunden werden. Deshalb können auch Funktionen, die schon früher einmal erstellt und übersetzt worden sind, wieder verwendet werden. Diese für C typische Programmiermethode - der ausgiebige Gebrauch von Funktionen - führt natürlich zum Konzept der modularen Programmierung. Ein langes Programm wird aus einer Reihe von kürzeren Modulen zusammengestellt, die jeweils etwa 50 Zeilen oder weniger umfassen. Es ist viel einfacher, kurze Module zu testen, als ein langes Programm „am Stück" auf Fehler hin zu überprüfen. Außerdem können die Module später wieder in längeren Programmen verwendet werden, wodurch sich der Programmieraufwand beträchtlich reduziert.

Die Verwendung von C ermöglicht es, ausführbare Programme von hoher Qualität zu erzeugen. „Hohe Qualität" bedeutet hohe Ausführungsgeschwindigkeit und möglichst geringen Speicherplatzbedarf. Für ein Assembler- (oder Maschinensprache-) Programm, daß für eine ganz bestimmte Hardware geschrieben wurde, sind diese Merkmale normal. Da C ähnlich maschinennahes Programmieren erlaubt wie Assembler, ist das Ergebnis von nahezu der gleichen hohen Qualität.

Es ist schwierig und kompliziert, ein Programm in einer „primitiven" Assemblersprache zu schreiben. Da C eine „höhere" Programmiersprache ist, ist die Programmierung relativ einfach, und da das erzeugte Objektprogramm sich in seiner Qualität nicht so sehr von einem Assemblerprogramm unterscheidet, wird C als die bessere Wahl betrachtet, wenn es um die Programmiersprache geht. Allerdings gibt es einige Programme, die nur in Assemblersprache geschrieben werden können. Dabei handelt es sich um die Teile von Programmen, die bestimmte Maschinenbefehle benutzen oder mit den Status-Flags der CPU zu tun haben. Jedoch auch dann, wenn Assembler benutzt wird, wird ein solches Programm zunächst in C entworfen, weil es so viel leichter ist, die Assemblerversion zu erstellen. Dieses Vorgehen erleichert auch die Softwarepflege und reduziert die Fehler, da die Programmierer leichter verstehen können, was ein Programm tun soll.

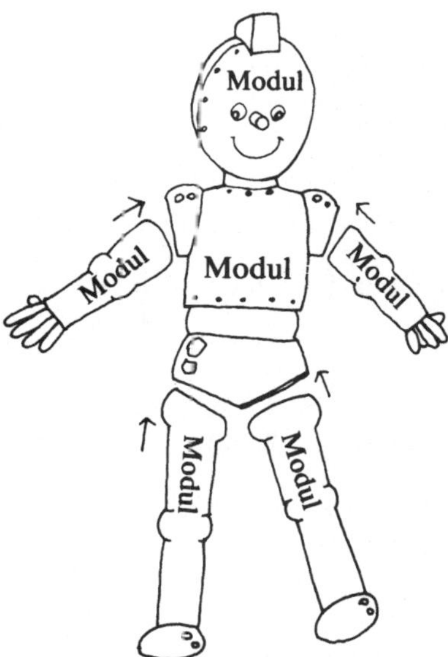

Eine der komfortablen Eigenschaften von C besteht darin, daß lange Programme zur Entwicklung in einzelne Module aufgespalten werden können

Im allgemeinen steht eine Assemblersprache in Form eines sogenannten Makro-Assemblers zur Verfügung, der ein etwas „höheres Niveau" hat und leichter zu benutzen ist. C wird manchmal als eine Art hochentwickelter Makro-Assembler betrachtet.

UNIX ist zum größten Teil in C geschrieben, und nur ein kleiner Teil ist in Assembler geschrieben. Die maschinenabhängigen Teile, die in Assembler geschrieben sind, können nicht auf andere Maschinen übertragen werden; dagegen können die in C geschriebenen Teile auf jede Maschine übertragen werden, die einen C-

Compiler hat. (Es gibt allerdings auch zahlreiche Programme, die in C geschrieben sind, aber maschinenabhängig sind.) Die Tatsache, daß UNIX so leicht auf andere Maschinen übertragen werden kann, ist einer der Gründe, die zu der weiten Verbreitung von UNIX beigetragen haben.

Da meistens C benutzt wird, wenn Programme geschrieben werden sollen, die mit UNIX laufen, kann C als eine gemeinsame Sprache zur Kommunikation zwischen den Benutzern verwendet werden. Wenn jemand das UNIX-System studieren will, muß er nur C kennen und eine Lizenz besitzen: damit kann er das Quellprogramm für UNIX studieren, da es in C geschrieben ist. Außerdem sind auch die meisten UNIX-Hilfsprogramme in C geschrieben.

Aus diesen Gründen wird die Sprache C immer benutzt, wenn man mit UNIX programmiert, wodurch unnötiger Aufwand bei der Programmierung erspart bleibt.

Beispiel für ein in C geschriebenes Programm

```
#include <stdio.h>
#include <ctype.h>
#define TRUE    -1
#define FALSE    0
#define WLENG   20
#define itmaloc    ((struct item *) malloc(sizeof(struct item)))

struct item {    char     wd[WLENG];
                 int      n;
                 struct item *l, *r;
            };
char             wd[WLENG];
struct item      *root;

main(){          /*------------  word count using tree ----------------*/
        struct item     *sift();
        int             i;
        char            c;

        root = NULL;
        do {
                while(((c=getchar())!=EOF) && (! isalpha(c)) && (! isdigit(c)))
                ;       /*-------  non alpha-numeric  -------*/
                if (c==EOF) treeprint(root) ;
                else {
```

```
                        i = 0;
                        wd[i] = c;
                        while(((c=getchar()) != EOF) &&
                              (isalpha(c) || isdigit(c))){
                                        if (i==(WLENG-2)) break; /*-too long-*/
                                        i++;
                                        wd[i] = c;
                        }
                        i++;
                        wd[i] = '\0';
                        root = sift(wd,root); /*----push wd[] into tree----*/
                }
        } while (c != EOF);
}

struct item  *sift(wd,pitem)
        char            *wd;
        struct item   *pitem;
{

        if (pitem==NULL){
                pitem = itmaloc;   /*--- make new item ---*/
                pitem->n = 1;
                pitem->l = pitem->r = NULL;
                strcpy(pitem->wd, wd);
        }
        else switch (compwd(wd,pitem->wd)){
                case 0 : (pitem->n)++;  break;
                case 1 : pitem->l = sift(wd,pitem->l); break;
                case 2 : pitem->r = sift(wd,pitem->r);
        }

        return(pitem);
}

treeprint(pitem)
        struct item *pitem;
{
        if (pitem->l != NULL) treeprint(pitem->l);
        printf("%20s  %10d\n",pitem->wd,pitem->n);
        if (pitem->r != NULL) treeprint(pitem->r);
}

compwd (w1,w2)
        char *w1,*w2;  /*------ w1[]==w2[]     0---------*/
{                      /*------ w1[] <w2[]     1---------*/
        int   i;       /*------ w1[] >w2[]     2---------*/

        for(i=0; i<WLENG; i++){
                if (w1[i]<w2[i]) return(1);
                if (w1[i]>w2[i]) return(2);
                if (w1[i]=='\0') return(0);
        }
}
```

Der Gebrauch des Editors

Alles hängt vom Editor ab

Benutzt man ein interaktives Betriebssystem, werden die Zeichenketten, aus denen der Text besteht, über ein Terminal eingegeben und auf dem Bildschirm kontrolliert. Änderungen der Eingabe können sofort erfolgen. Ein **editor** genanntes Programm unterstützt diese Eingabeoperation.

Der Editor dient zum Einfügen und Löschen von Zeichen in einem Text. Er kann eine Datei auch aufteilen oder mehrere Dateien zusammenmischen. Er ist sowohl für Programmierer als auch für Schreibkräfte äußerst nützlich.

Da der Editor von nahezu allen Benutzern verwendet wird, hat die leichte Handhabung dieses Programmes einen großen Einfluß auf die Effektivität der Arbeit. Ist der Editor leicht zu benutzen, können Korrekturen schnell durchgeführt werden, und die Arbeit wird erleichert. Wenn nicht, kann das Korrigieren viel Zeit und Mühe kosten.

UNIX hat einen Standard-Editor, der **ed** heißt. Da **ed** jeweils bestimmte Zeilen bearbeiten kann, wird er als Zeilen-Editor bezeichnet. Die gewünschte Zeile kann nicht nur durch Angabe ihrer Nummer - 1, 2, 3 ... - sondern auch durch ihren Inhalt angesprochen werden; so kann man z. B. eine Zeile angeben, die eine bestimmte Zeichenfolge enthält. Dann kann diese Zeile mit Hilfe von Kommandos bearbeitet werden. Es kann jedoch nicht nur eine bestimmte Zeichenfolge angegeben werden, sondern auch allgemeinere oder komplexe Funktionen zur Suche von Zeichenmustern können benutzt werden.

.	Ein beliebiges Zeichen
∧	Zeilenanfang
$	Zeilenende
Muster *	0 oder mehr Wiederholungen des Musters
[......]	irgendein Zeichen innerhalb der Klammern

[abcde] bedeutet z. B.: ein beliebiges Zeichen von „a“ bis „e“. Dies kann abgekürzt werden als [a-e]. [A-Z] [a-z] * bedeutet eine Zeichenkette, die mit einem Großbuchstaben beginnt, gefolgt von Null oder mehreren Kleinbuchstaben; mögliche Zeichenfolgen wären somit: „A“, „Abc“, „Groß“, „Morgen“ etc.

Zur Benennung der drei Zeichenketten „Gruppe1“, „Gruppe2“ und „Gruppe3“ genügt es, „Gruppe.“ zu schreiben. ∧Hund␣ bedeutet die Zeichenkette „Hund“ am Anfang einer Zeile, gefolgt von einem Leerzeichen (␣ steht hier für Leerzeichen).

Das kurze Kommando auf der rechten Seite ist alles, was Sie brauchen, um in einer ganzen Datei aus einem „Hund" eine „Katze" zu machen. Es ist praktisch, wenn man komplizierte Korrekturen mit solch kurzen Kommandos durchführen kann

Es kann sein, daß es mehrere Zeilen mit der gesuchten Zeichenkette gibt. In einem solchen Fall wird das Kommando auf alle diese Zeilen angewendet. So kann z. B. im gesamten Text „Hund" gegen „Katze" ausgetauscht werden. **ed** verfügt über eine Reihe weiterer Merkmale, die das Bearbeiten von Texten erleichtern.

Neben **ed** gibt es noch einen anderen Editor - **vi** -, der an der University of California in Berkeley aus **ed** entwickelt wurde. Da **vi** ein Bildschirm-Editor ist, der Korrekturen auf dem ganzen Bildschirm erlaubt, ist er effektiver als **ed**. Die aktuelle Eingabeposition wird auf dem Bildschirm durch einen Cursor angezeigt. Der Bildschirm-Editor kann den Cursor auf- und ab- sowie nach links und rechts bewegen, so daß jedes Zeichen auf dem Bildschirm korrigiert werden kann. Solche Funktionen sind von der Hardware abhängig. Die Bildschirmsteuerzeichen von **vi** sind jedoch in einer Datei gespeichert und können mit praktisch jeder Tastatur verwendet werden. Normalerweise ist ein Bildschirm-Editor für eine spezielle Hardware entwickelt und kann nicht auf andere Hardware übertragen werden, **vi** hingegen verfügt über Software, die es erlaubt, die Funktion dieser vier Tasten von anderen Tasten ausführen zu lassen, so daß dieser Editor mit beliebiger Hardware benutzt werden kann.

Daneben gibt es andere weiterentwickelte Bildschirm-Editoren, wie **INed** von Interactive Systems Inc.

Überwachung der Objekt-Programmerstellung

Ein Programm wird normalerweise in mehrere kleinere Programme zerlegt, die jeweils separat geschrieben, getestet und übersetzt werden, bevor sie zu einem umfangreichen Programm zusammengesetzt werden. Bei diesem Zusammensetzen - dies gilt besonders dann, wenn es sich um viele einzelne Objektprogramme handelt - kann es für den Benutzer schwierig werden, noch den Überblick darüber zu behalten, welche der kurzen Objektprogramme in welcher Reihenfolge zusammengesetzt werden sollen. Damit der Benutzer bei diesen Dingen nicht die Übersicht verliert, bietet UNIX ein Hilfsprogramm mit dem Namen **make**, das Programme aktualisiert.

make führt die Übersetzung durch und setzt die Programm-Module gemäß den Anweisungen in den Dateien zusammen. Jede Datei kann geändert werden, ohne daß es notwendig ist, alle Dateien noch einmal neu zu übersetzen. Zusätzlich vergleicht der Rechner das Datum und die Zeit der Erstellung des Quell- und des Objektprogrammes. Ist das Quellprogramm neuer, so wird es neu übersetzt, um ein neues Objektprogramm zu erzeugen, und dann wieder mit den anderen Objektprogrammen zusammengesetzt, um so das veränderte vollständige Objektprogramm zu erstellen.

Dieses Hilfsprogramm erleichtert es dem Benutzer, einen Überblick darüber zu erhalten, wie Objektprogramme erzeugt werden. **make** wird auch dann benutzt, wenn man viele Textdateien hat und nur die aktualisierten Dateien ausdrucken will.

Überwachung von Quellprogrammen

Ein anderes Hilfsprogramm, das eine ähnliche Funktion wie **make** hat und **sccs** (Source Code Control System) heißt, trägt ebenfalls zur Nützlichkeit von UNIX als Software-Entwicklungswerkzeug bei.

Wenn man beginnt, ein Programm zu entwickeln, ist es beinahe unvermeidlich, daß sich eine Anzahl verschiedener Versionen ergeben. Da jede Version sich ein wenig von anderen unterscheidet, sind alle notwendig. Müßten jedoch alle Versionen vollständig gespeichert werden, wäre die verfügbare Plattenkapazität bald erschöpft. Ein weiteres Problem, das sich bei unterschiedlichen Programmversionen ergibt, besteht darin, daß bei einer kleinen Änderung in einem Programmteil, der bei allen Programmen gleich ist, diese Änderung in jeder einzelnen Version separat durchgeführt werden müßte, wobei der Programmierer eventuell einige Versionen übersehen könnte. Und selbstverständlich ist es notwendig, jede Version zu dokumentieren, um den Benutzern mitzuteilen, was das Programm tut und wie es benutzt wird.

Um die schwierige Aufgabe der Überwachung verschiedener Versionen von Quellprogrammen zu erleichtern, verfügt UNIX über das Programm **sccs**.

sccs speichert nur den Teil einer Version, der sich von der früheren Version unterscheidet, womit eine Menge Speicherplatz gespart wird. Werden Änderungen vorgenommen, so werden sie zusammen mit Erläuterungen in die Originaldateien eingefügt. Der geänderte Teil wird mit **delta** bezeichnet. Die Originalda-

Beispiel für eine Compilierungsprozedur von MAKE

```
HDR     = as.h func.h code.h inst.h token.h addrmode.h
SRC     = main.c parse.c pseudo.c proc.c jp.c scan.c aout.c data.c
OBJS    = main.o parse.o pseudo.o proc.o jp.o scan.o aout.o data.o
DATA    = instr key

CFLAGS = -UDEBUG -O

as: ${OBJS}
        cc -o as ${OBJS}

${OBJS}: ${HDR}
data.o: instr key

hdr: inst.h code.h token.h addrmode.h

code.h: code.d mkdata
        mkdata < code.d > code.h

inst.h: inst.d mkdata
        mkdata < inst.d > inst.h

token.h: token.d mkdata
         mkdata < token.d > token.h

addrmode.h: addrmode.d mkdata
            mkdata < addrmode.d > addrmode.h

print:
        (list ${HDR} ${SRC} ${DATA} ; (prins | pr -3)) | lpr

type:
        pr ${HDR} ${SRC} ${DATA}

wc:
        wc ${HDR} ${SRC} ${DATA}

rmtmp:
        rm /tmp/as86*

rmobj:
        rm ${OBJS}

save: ${HDR} ${SRC} ${DATA}
        cp ${HDR} ${SRC} ${DATA} savedir
        cp  /dev/null save

prins: as
        ln as prins
```

as bezieht sich auf OBJS, mit anderen Worten auf **main.o**, **parse.o**, **pseudo.o**, **proc.o**, **jp.o**, **scan.o** und **data.o**

Außerdem bezieht sich **data.o** auf **instr** und **key**

Diese Datei wird compiliert

Wurde eine der abhängigen Dateien geändert, wird sie noch einmal compiliert, andernfalls nicht

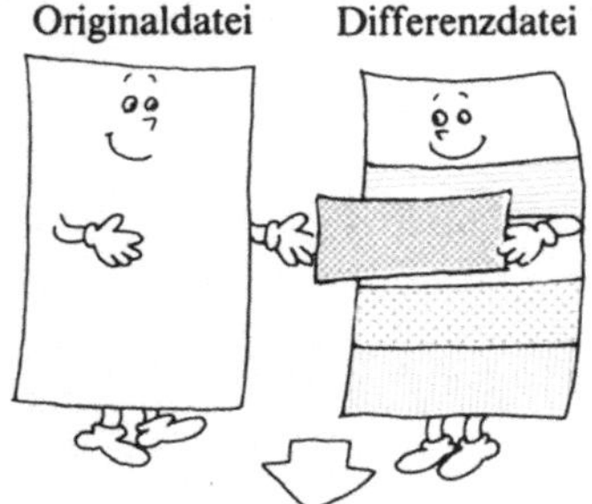

Die vollständige Datei kann wieder hergestellt werden, indem die Differenzdatei mit der Originaldatei zusammengefügt wird.

Das vollständige Speichern mehrerer nahezu identischer Dateien bedeutet Speicherverschwendung. Es ist effizienter, die abweichenden Teile als Differenzdateien zu speichern.

teien enthalten mit der Zeit eine ganze Reihe von deltas, die jedoch im allgemeinen nur wenig umfangreich sind im Vergleich zur Größe der gesamten Datei, so daß man keine Gefahr läuft, mit dem verfügbaren Speicherplatz nicht auszukommen.

Wenn die gewünschte Version reproduziert wird, werden die notwendigen deltas mit der Originaldatei verarbeitet, beginnend mit dem ältesten delta, bis die angegebene Version reproduziert ist.

Der Benutzer kann darüber Buch führen, wer eine Änderung durchgeführt hat, wo dies geschah und zu welchem Zweck. Diese Informationen sind sehr wertvoll, wenn man die verschiedenen Versionen überschauen will.

Diese Unterschiede haben die Form von Editor-Kommandos, so daß, wenn eine Originaldatei in Übereinstimmung mit einem solchen Kommando bearbeitet wird, die leicht geänderte Version davon reproduziert wird. Diese Korrektur kann natürlich automatisch erfolgen, indem einfach die Datei mit dem entsprechenden Kommando aufgerufen wird.

Mit jeder Datei werden Informationen zur Identifizierung abgespeichert, aus denen hervorgeht, wer die Datei erstellt hat, wann und zu welchem Zweck dies geschah.

Entwurf von Benutzerschnittstellen

UNIX hat spezielle Hilfsprogramme, die **compiler- compiler** genannt werden (wie etwa **yacc** und **lex**, die es in anderen Betriebssystemen nicht gibt. Ein Compiler-Compiler ist ein Programmierwerkzeug, mit dem Compiler erzeugt werden können.

Wenn es zu aufwendig ist, einen Compiler vollständig in C zu schreiben, können **yacc** oder **lex** benutzt werden, um Arbeit zu sparen. Ein Compiler besteht aus drei Teilen, einem Teil zur lexikalischen Analyse, einem Teil zur Syntax-Analyse (Parser) und einem Teil zur Code-Generierung. **yacc** wird dazu benutzt, den Syntax-Analyse-Teil eines Compilers zu erzeugen. Wenn die grundlegenden Regeln zur Syntax-Analyse an **yacc** übergeben werden, erzeugt **yacc** das C-Programm, das Wörter - entsprechend den in diesen Regeln festgelegten Methoden - grammatisch zergliedert. **lex** erstellt automatisch den Compilerteil zur lexikalischen Analyse. Beide Programme sind sehr praktisch, da gleich nach Eingabe der Konvertierungsregeln das entsprechende C-Programm von ihnen ausgegeben wird.

Sowohl **yacc** als auch **lex** werden zur Compilergenerierung für Computersprachen und zur Entwicklung von Benutzerschnittstellen benutzt. Wie wir in diesem Buch schon erläutert haben, stellt eine Benutzerschnittstelle die Verbindung zwischen dem Menschen und der Maschine dar. Mit einer guten Benutzerschnittstelle lassen sich Programme, die mit UNIX laufen, leichter benutzen.

So gibt es z. B. zwei dialogorientierte Sprachen, um mit UNIX Kalkulationen durchzuführen, **dc** und **bc**. Bei **dc** handelt es sich um eine Kalkulationssprache mit hoher Rechengenauigkeit, wobei der Genauigkeitsgrad beliebig gewählt werden kann. **bc** ist eine weiterentwickelte Sprache, die leichter zu benutzen ist. **bc** benutzt **dc** zur Durchführung der eigentlichen Berechnungen, verfügt darüber hinaus jedoch über zusätzliche Merkmale einer Benutzerschnittstelle, so daß Kontrollstrukturen (wie „if", „while" und „for") benutzt werden können. Dadurch ist es leichter, mit **bc** zu arbeiten, als direkt mit **dc**. Diese Benutzerschnittstelle ist mit **yacc** geschrieben worden.

Wenn ein **bc** Kommando gegeben wird, übersetzt die Benutzerschnittstelle es in ein **dc** Kommando, das dann ausgeführt wird. Die tatsächliche Berechnung wird also von **dc** ausgeführt.

Da wir eine Benutzerschnittstelle als eine Art Compiler betrachten können, läßt sie sich leichter mit Hilfe eines Compiler-Compilers erstellen. Die Abfragesprache **quel** für das Datenbankverwaltungssystem **ingres** ist ebenfalls eine Art Benutzerschnittstelle. Sie ist auch mit **yacc** geschrieben worden. Eine Reihe von Programmen, deren direkte Benutzung schwierig ist, können durch Hinzufügen einer Benutzerschnittstelle leichter benutzt werden.

Die Compiler-Compiler **yacc** und **lex** sind Werkzeuge zum Erstellen von Compilern

Gerätesteuerung

Sehen wir uns nun einmal an, wie UNIX verschiedene Geräte steuert, die mit dem Computer verbunden sind. Dabei kann es sich um eine ganze Reihe verschiedener Geräte handeln, z. B. numerisch gesteuerte (NC) Werkzeugmaschinen wie Drehbänke, CAD/CAM (Computer-Aided Design/Computer-Aided Manufacturing), experimentelle Einrichtungen usw. Jedes Steuerungsprogramm muß separat geschrieben werden, da es von der zu steuernden Maschine abhängig ist. Wenn solche Programme geschrieben werden, erweisen sich die überragenden Merkmale von UNIX als Software-Entwicklungssystem als äußerst nützlich.

Wenn eine neue Maschine durch ein Betriebssystem gesteuert werden soll, kann es notwendig werden, den Kern des Betriebssystems zu verändern. UNIX hat den Vorteil, daß sein Kern leichter zu verändern ist als der anderer Betriebssysteme. Dies bedeutet, daß man weniger Zeit benötigt, um eine neue Maschine an einen Computer anzuschließen, wenn man UNIX als Betriebssystem verwendet.

Die Steuerung von Geräten erfordert oft eine **Echtzeit-Verarbeitung**, d. h., sobald ein Signal von einem Peripheriegerät ankommt, wird es verarbeitet, die erforderlichen Berechnungen werden ausgeführt, Entscheidungen werden getroffen und die Ergebnisse sofort an die Maschine zurückgegeben. Da UNIX ein Time-Sharing-System ist, ist es beinahe unmöglich, Echtzeit-Verarbeitung auf der Ebene von Benutzerprogrammen durchzuführen. Wenn Sie ein Echtzeit-System benötigen, müssen die Geräte-Treiberprogramme des Kerns verändert werden.

Bei einem Time-Sharing-System wie UNIX laufen die Programme der einzelnen Benutzer nicht wirklich parallel ab; vielmehr wird jedem Benutzer der Reihe nach etwas Rechenzeit zugeteilt. Nachdem ein Programm eine Weile gelaufen ist, kann es unterbrochen werden, damit der nächste Benutzer an die Reihe kommt. Das erste Programm läuft jetzt also einen Augenblick lang nicht. Käme jetzt ein Signal von einer angeschlossenen Maschine, so könnte es für die vorgesehene Verarbeitung zu lange dauern, bis es vom Benutzerprogramm verarbeitet und das Ergebnis zurückgeschickt würde.

Es ist schwierig für einen Computer, gleichzeitig als Time-Sharing-System und als Echtzeit-System zu fungieren. In UNIX liegt die Betonung auf Time-Sharing, so daß es kein gutes Betriebssystem für die Echtzeit-Verarbeitung darstellt.

Dennoch wird UNIX auch vielfach zur Steuerung von Maschinen benutzt; und dies ist so lange möglich, wie an die Geschwindigkeit der Steuerungen keine

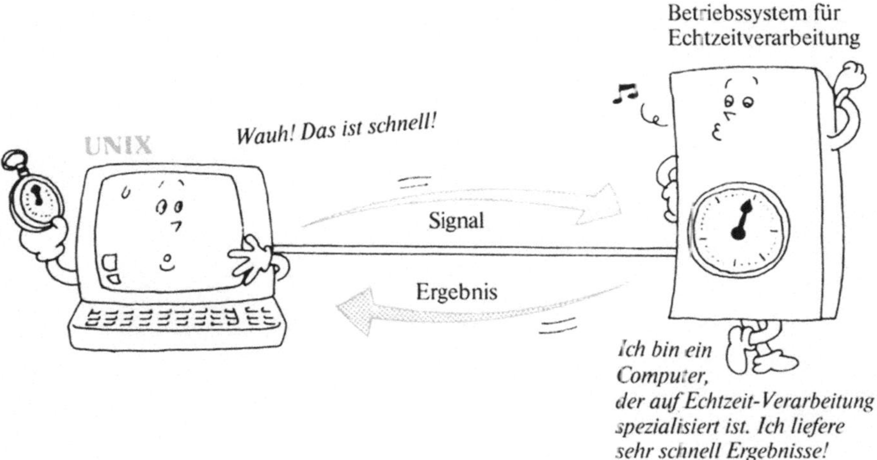

allzu hohen Anforderungen gestellt werden. UNIX kann als Software-Entwicklungs-Werkzeug benutzt werden, um ein Echtzeit-Betriebssystem zu entwickeln, das zugleich die Vorteile von UNIX besitzt, wie:

- einfache Programm-Entwicklung
- einfache Geräte-Verbindung.

Kapitel 4
Charakteristische Merkmale von UNIX

In diesem Kapitel wollen wir eine Reihe von außergewöhnlichen charakteristischen Merkmalen von UNIX besprechen. Eines der wichtigsten ist das Datei-Konzept, das einen beträchtlichen Einfluß auf das ganze Systemprogramm hat. Dazu kommt die Tatsache, daß zusammengehörige Dateien in einer Baumstruktur zusammengefaßt werden können, und daß es eine Kommando-Interpretersprache namens Shell gibt, wodurch eine benutzerfreundliche Umgebung geschaffen wird. Der Umfang der Software ist selbst ein wichtiges Merkmal von UNIX.

Das Dateisystem und seine hierarchische Baumstruktur

Was ist eine Datei?

Bei der Arbeit sind wir von einer Vielzahl von Informationen umgeben. Unsere persönlichen Adressbücher, Aufzeichnungen von Gehältern und Aufzeichnungen von Messungen, die bei Experimenten gemacht wurden, enthalten alle wertvolle Informationen. Wir müssen derartige Informationen in einer solchen Weise speichern, daß wir sie sofort finden, wenn wir sie benötigen.

Es gibt viele Möglichkeiten, Informationen zu speichern. Wir können sie z. B. in ein Notizbuch schreiben, das wir in einem Regal aufbewahren, oder sie mit einem Mikrofilm fotografieren. Bei Computern werden Informationen magnetisch auf externen Geräten gespeichert, wie z. B. Disketten, Festplatten oder Magnetbändern. Die Informationen können alles das sein, was sich mit den Zeichen (d. h. Buchstaben, Ziffern, Sonderzeichen) ausdrücken läßt, die der Computer handhaben kann: Adressen, Programme, Ergebnisse von Kalkulationen in Tabellenform usw.

In einem Computer wird eine solche Ansammlung von Zeichen **Datei** genannt. Dieser Begriff kann sich sowohl auf die Zeichenfolge beziehen, als auch auf die Stelle, wo diese gespeichert ist. Jeder Datei wird ein eigener Name gegeben. Der Begriff „Datei“ beschwört vielleicht das Bild eines Stapels von Papier oder Rechnungen herauf, doch kann alles, was aus Zeichen besteht, eine Datei in einem Computer sein.

Gleichgültig, was darin steht: jede Sammlung von Zeichen kann eine Datei sein

Der Inhalt einer Datei kann entweder dafür vorgesehen sein, daß er von Menschen gelesen wird, oder er kann eine **Objektdatei** darstellen, die Anweisungen enthält, die vom Computer ausgeführt werden sollen. Zu den Zeichen, die in Dateien gespeichert sind, gehören außer den darstellbaren Zeichen auch noch Kontrollzeichen, die z. B. zur Steuerung der Bildschirmdarstellung benutzt werden.

Eine beliebige Zeichenkette

UNIX-Dateien bestehen einfach aus Zeichen, ohne eine aufwendige Aufteilung in Blöcke und Datensätze, so daß alle Dateien in einheitlicher Weise benutzt werden können. Es hört sich vielleicht etwas abstrakt an, doch man kann sagen, daß eine Datei in UNIX definiert ist als **"eine beliebige Zeichenkette"**.

Es gibt viele Dateien auf einer typischen Platte oder Diskette eines Computersystems. Je größer das Computersystem ist, desto mehr Dateien hat es, und desto schwieriger wird es, eine gewünschte Datei zu finden, wenn man sie braucht. Deshalb ist es notwendig, Dateien jederzeit sorgfältig zu verwalten.

Die verschiedenen Betriebssysteme verwenden verschiedene Methoden zur Dateiverwaltung. Eines der grundlegenden Merkmale von UNIX ist die hierarchische Struktur seiner Dateien. Lassen Sie uns nun erkären, was das bedeutet.

Hierarchische Strukturen

Um Dateien zu verwalten, weist UNIX sie verschiedenen Ebenen zu.

Bevor wir den Begriff „Hierarchie" erläutern und erklären, was es mit den Datei-„Ebenen" auf sich hat, lassen Sie uns zunächst die Organisation einer Firma oder einer Behörde betrachten.

Der Einfachheit halber nehmen wir an, daß die Organisation einer bestimmten Firma sehr einfach und unkompliziert ist. Ein einziger Präsident steht an der Spitze der Firma. Unter ihm gibt es mehrere Abteilungsleiter, und unter jedem Abteilungsleiter gibt es mehrere Unterabteilungsleiter. Jeder Unterabteilungsleiter hat eine Reihe von gewöhnlichen Angestellten als Untergebene. Somit ist die Firma in Angestelltengruppen organisiert, die in der Reihenfolge **Firma → Abteilung → Unterabteilung** geordnet sind. Dies ist eine Art von Hierarchie, und die Position jedes Angestellten innerhalb der Firma geht klar daraus hervor. Wenn Sie sagen: „Herr A von der Unterabteilung B der Abteilung C der Firma D", haben Sie eine Person eindeutig identifiziert, sofern es nicht gerade zwei Personen mit demselben Namen in dieser Unterabteilung gibt.

Vom Standpunkt eines Überwachers aus erleichtert diese Art der hierarchischen Organisation den Überblick über die Firma. Die Aufteilung der Arbeitsbereiche und der Zweck der einzelnen Abteilungen und Unterabteilungen ist klar.

Eine hierarchische Baumstruktur

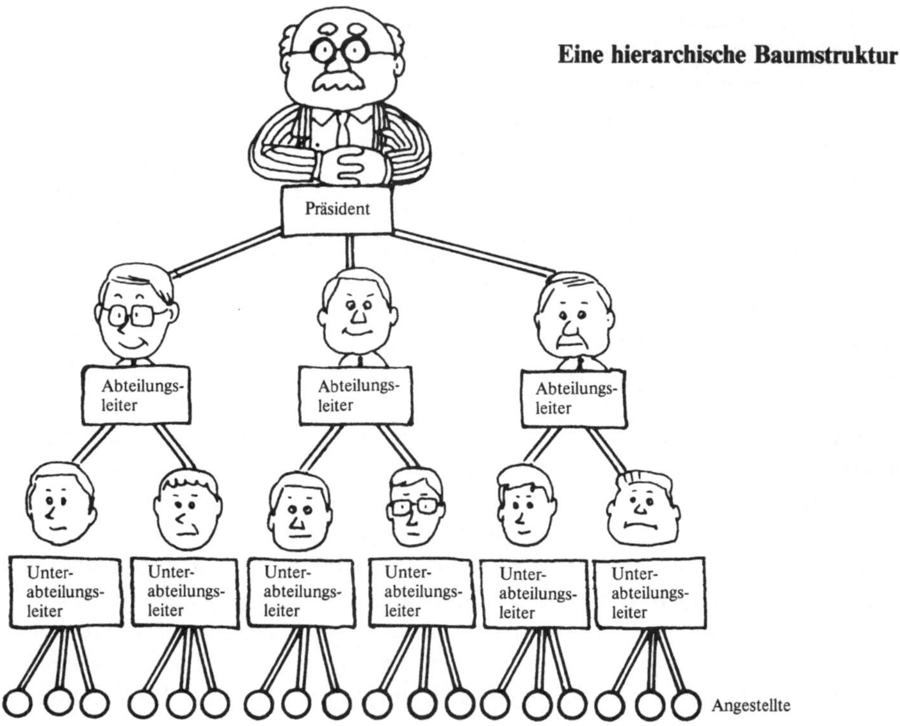

Mehrere Abteilungsleiter unter dem Präsidenten bilden in einem gewissen Sinne mehrere Zweige, die von einem einzigen Punkt oder „Gipfel" ausgehen. Jeder Abteilungsleiter wiederum sieht von seiner Abteilung aus betrachtet ebenfalls wie ein „Gipfel" aus, von dem dann wieder mehrere Zweige ausgehen, die die Unterabteilungen darstellen. Unterhalb jedes Unterabteilungsleiters befinden sich dann die einzelnen Angestellten. Diese Art einer Verzweigungsstruktur wird als **Baumstruktur** bezeichnet. Ein Baum erstreckt sich von einer Wurzel aus, die sich an der Spitze des Systems befindet, und bildet eine Reihe von **Knoten**, von denen wiederum Verzweigungen ausgehen. Allgemein können in einer Baumstruktur die Anzahl der Verzweigungen an jedem Knoten sowie die Anzahl der nachfolgenden Ebenen an jedem Knoten beliebig groß sein.

Eine solche Struktur wird als **hierarchische Baumstruktur** bezeichnet. Gerade bei der Personalverwaltung in einer Firma lassen sich Dateien in einem Computer einfacher überschauen, wenn sie in einer solchen Struktur organisiert sind. Eines der prinzipiellen Merkmale von UNIX ist die Organisation der Dateien in einer hierarchischen Baumstruktur. Im Vergleich zu Betriebssystemen, die diese Strukturmöglichkeiten nicht bieten, erspart diese Struktur bei verschiedenen Operationen eine Menge Arbeit und verleiht UNIX eine Reihe von Vorteilen, wie die einfache Überschaubarkeit von Dateien. Seit einiger Zeit gibt es auch einige „UNIX-ähnliche" Betriebssysteme, die ebenfalls hierarchische Baumstrukturen haben.

In einem Mehrbenutzersystem wie UNIX gibt es viele Dateien, und es ist notwendig, die Dateien eines jeden Benutzers separat zu verwalten. Dies kann leicht geschehen, wenn der Benutzer alle seine Dateien unter seinem eigenen Knoten speichert. Wenn der Benutzer eine große Anzahl von Dateien erzeugt, kann er seine Dateien auch in Untergruppen zusammenfassen, indem er entsprechend viele Knoten erzeugt.

Die Dateistruktur von UNIX

Alle UNIX-Dateien sind in einer einzigen Gesamtstruktur organisiert, ähnlich den Zweigen eines Baumes, die alle aus einer Wurzel kommen. Die Stellen, an denen Verzweigungen entstehen, werden als Knoten bezeichnet. Die Zweige entsprechen den Dateien. Ein Knoten ist selbst eine Art von Datei, unterscheidet sich jedoch von einer normalen Datei dadurch, daß sich keine beliebigen Zeichenfolgen darin speichern lassen. Es handelt sich dabei vielmehr um einen Mechanismus zur Verwaltung von Dateien, der **Verzeichnis** genannt wird. Ein Verzeichnis enthält eine Liste aller Dateien und Verzeichnisse, die von ihm ausgehen. Im weitesten Sinne schließt der Begriff „Datei" die Verzeichnisse mit ein, doch wollen wir der Einfachheit halber im folgenden den Begriff „Datei" nur für normale Dateien verwenden, in denen beliebige Zeichenfolgen gespeichert werden können, wogegen eine Datei, die zur Verwaltung von Dateien dient, „Verzeichnis" genannt werden soll.

*** Spezialdatei: siehe „Spezielle Ein/Ausgabedateien" in diesem Kapitel**

Dieser „Baum" kann auch als eine Art von verwandtschaftlichen Beziehungen angesehen werden, bei dem der Stammvater an der Stelle der Baumwurzel steht. Bei dieser Betrachtungsweise sind die direkt unter ihm befindlichen Verzeichnisse Kinderverzeichnisse. Andererseits sind - von einer beliebigen Generation aus gesehen - die Verzeichnisse darüber Elternverzeichnisse. Verzeichnisse verbinden also Dateien in einer Art **Eltern-Kind**-Beziehung. Betrachtet man das System von einer darin befindlichen Datei aus, so sagt man, daß die Datei einer „vorhergehenden Generation" sich auf einer „höheren Ebene" befindet und die Datei einer „nachfolgenden Generation" auf einer „niedrigeren Ebene". Die mit einer Datei verbundenen Verzeichnisse und Dateien, die sich auf einer höheren Ebene befinden, werden zusammen als **„Vorfahren"** bezeichnet, wogegen die auf den niedrigeren Ebenen **Nachfolger"** genannt werden.

UNIX Familienbaum

Wenn wir von einer bestimmten Datei ausgehen und zu immer höheren Ebenen aufsteigen, kommen wir schließlich zum Verzeichnis der obersten Ebene, von wo aus es nicht mehr weitergeht. Somit entspricht dieses Verzeichnis dem Präsident einer Firma oder den Wurzeln eines Baumes. In UNIX wird dieses Verzeichnis als **Wurzel** des Systems bezeichnet.

Wenn wir das ganze System - mit der Wurzel nach oben - graphisch darstellen, wird es im allgemeinen mehrere Verzeichnisse und Dateien geben, die von der Wurzel ausgehen und mehrere andere Verzeichnisse und Dateien, die von den vorhergehenden Verzeichnissen ausgehen. Von einer normalen Datei können keine anderen Dateien oder Verzeichnisse ausgehen. „Kinder" können nur an den Stellen entstehen, wo Verzweigungen stattfinden, mit anderen Worten: in einem Verzeichnis. Von einem Verzeichnis können jedoch sowohl Dateien als auch Verzeichnisse ausgehen.

Madam Directory

Die Informationen in einem Verzeichnis betreffen nur die eigenen „Kinder". Es gibt hier keine Informationen über weitere Nachfolger

Ebenso wie jeder Angestellte, jede Unterabteilung und jede Abteilung einer Firma einen Namen hat, hat auch jede Datei und jedes Verzeichnis einen Namen. Diesen Namen erhält eine Datei oder ein Verzeichnis beim Erstellen. Ein Verzeichnis enthält die Namen der Dateien und Verzeichnisse, die sich (direkt) darunter befinden, sowie Angaben über die Stellen, an denen die Dateien und Verzeichnisse sich befinden. Deshalb wird beim Erstellen einer Datei unter einem bestimmten Verzeichnis dieser aktuellen Datei ein Dateiname zugewiesen. Jedes Verzeichnis enthält nur die Namen der direkten „Kinder"; es enthält nicht die Namen anderer Dateien auf niedrigeren Ebenen in der Hierarchie. Natürlich können zwei oder noch mehr Kinder nicht den gleichen Namen erhalten, wenn sie dieselben Eltern haben; Kinder anderer Eltern hingegen können denselben Namen erhalten.

Inhaltsverzeichnisse für Benutzer

Sobald ein Benutzer beginnt, das UNIX-System zu benutzen, wird ihm ein Verzeichnis zugewiesen. Im Augenblick brauchen wir uns nicht um die Vorfahren dieser Datei zu kümmern und können uns auf das Problem konzentrieren, wie wir Nachfolger erzeugen können. Zu Beginn gibt es keine Dateien in unserem Verzeichnis. Erst wenn der Benutzer beginnt, das Verzeichnis zu benutzen, werden Dateien darin eingetragen. Mit jeder Datei, die erstellt wird, bekommt das Verzeichnis ein weiteres Kind. Allerdings können die Inhalte der einzelnen Dateien sehr unterschiedlich sein. Es könnte verwirrend werden, wenn wir z. B. Textdateien, Programmdateien und Dateien mit verschiedenen anderen Daten bunt gemischt im selben Verzeichnis hätten. Um etwas Ordnung in dieses Durcheinander zu bringen, erstellt man üblicherweise ein Verzeichnis für einen bestimmten Zweck und „hängt" dann die dazugehörigen Dateien und Verzeichnisse hinein. Durch Anlegen von jeweils eigenen Verzeichnissen für die Textverarbeitung, die Programmentwicklung und Daten bleibt der Überblick gewahrt, und das System läßt sich einfach benutzen. Dies kann mit dem Aufstellen von Projektgruppen in einer Firma verglichen werden, womit die Rolle eines jeden Angestellten klargestellt wäre.

Der Benutzer kann also Dateien so organisieren, daß er sich die Arbeit erleichtert, indem er Dateien und Verzeichnisse unter Verzeichnissen erstellt. Verschiedene Verzeichnisebenen können erstellt werden, so daß eine Vielzahl von verschiedenen Organisationsmethoden möglich sind. Soll z. B. ein langes Dokument in Dateien gespeichert werden, könnte es günstig sein, verschiedene Verzeichnisebenen zu erstellen, die dem gesamten Text, sowie den einzelnen Kapiteln und Abschnitten entsprechen. Dateien mit den aktuellen Textabschnitten würden dann von den Abschnitts-Verzeichnissen ausgehen. Das Verzeichnis für Kapitel XX hat Verzeichnisse für alle Unterabschnitte dieses Kapitels, jeder Abschnitt wiederum enthält eine Reihe von Dateien. Dies ist ein gutes Beispiel für eine hierarchische Baumstruktur.

Das Benutzer-Verzeichnis

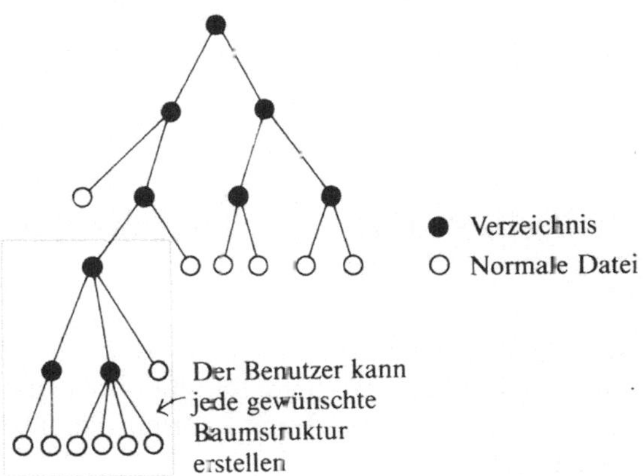

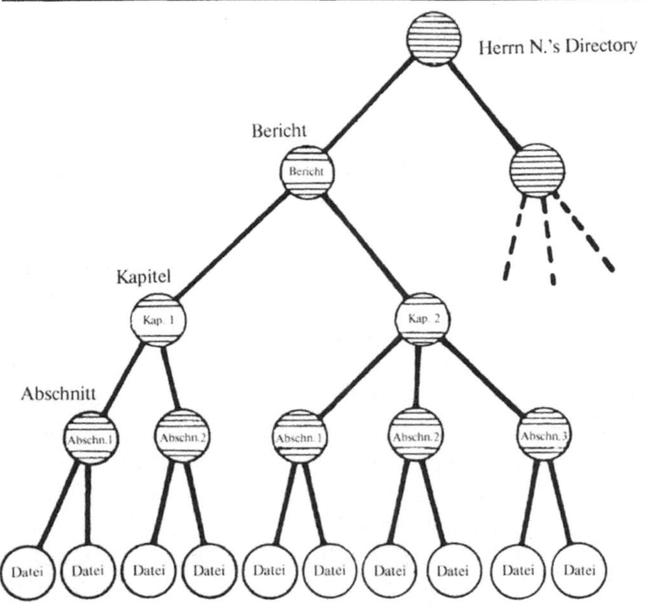

In einem Dateisystem, das keine Baumstruktur besitzt, sind alle Dateien in einer Reihe aufgelistet, und das System kennt nicht die Beziehungen zwischen den Dateien, so daß sich der Benutzer selbst um diese Beziehungen kümmern muß. In UNIX sind diese Beziehungen zwischen den Dateien aufgrund der hierarchischen Baumstruktur leichter zu verstehen als in anderen Betriebssystemen. Man kann sich z. B. auch dadurch Arbeit ersparen, daß man alle Nachfolger einer bestimmten Datei angibt und dann damit bestimmte Operationen durchführt.

Übertragungen zwischen Inhaltsverzeichnissen

Arbeitet ein Benutzer in einem bestimmten Verzeichnis, kann er normalerweise nur auf die „Kinder" zugreifen, die direkt mit diesem Verzeichnis verbunden sind. Um eine „Enkel"-Datei zu erreichen, muß man ein Verzeichnis tiefer hinabsteigen.

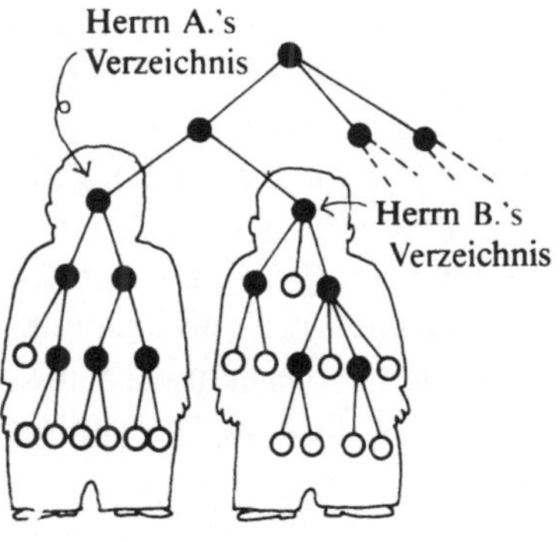

Es ist auch möglich, zu einem Verzeichnis in einer höheren Ebene zu gelangen. Steigt man zu immer höheren Verzeichnisebenen auf, so gelangt man schließlich zum Hauptverzeichnis, zur Wurzel.

Das Dateisystem von UNIX bildet eine einzige Baumstruktur, die sich durch Verzweigungen aus der Wurzel ergibt. Wenn wir uns in Richtung der Vorfahren bewegen, sind die Dateiinhalte der jeweiligen Verzeichnisse von immer größerer allgemeiner Bedeutung, so daß der mögliche Schaden, der sich durch fehlerhafte Manipulationen der Verzeichnisse ergeben kann, auch immer größer werden kann. Auf einer sehr hohen Ebene könnte ein Fehler sogar das UNIX-System selbst beschädigen. Deshalb sind Dateien auf diesen höheren Ebenen im allgemeinen nur bestimmten autorisierten Personen zugänglich.

Als Bestandteil von UNIX werden bereits eine ganze Reihe von Dateien mitgeliefert. Dabei handelt es sich um Steuerprogramme für das Betriebssystem, Hilfsprogramme, die UNIX-Kommandos ausführen, Anwendungsprogramme für den Benutzer usw. Es kann auch vorkommen, daß es Nachfolger-Dateien in einem anderen Benutzer-Verzeichnis gibt, die man gerne benutzen würde.

Um auf all diese verschiedenen Dateien zugreifen zu können, müssen wir zuerst in das Eltern-Verzeichnis gelangen, das sowohl die aktuelle Datei als auch die gewünschte Datei als Nachfolger hat; anschließend kann man über die entsprechenden Verzweigungen die gewünschte Datei erreichen. Mit Ausnahme einiger Dateien, auf die absichtlich kein Zugriff erfolgen kann (wie oben erläutert), kann ein Benutzer in ein beliebiges Verzeichnis des großen Verzweigungs-

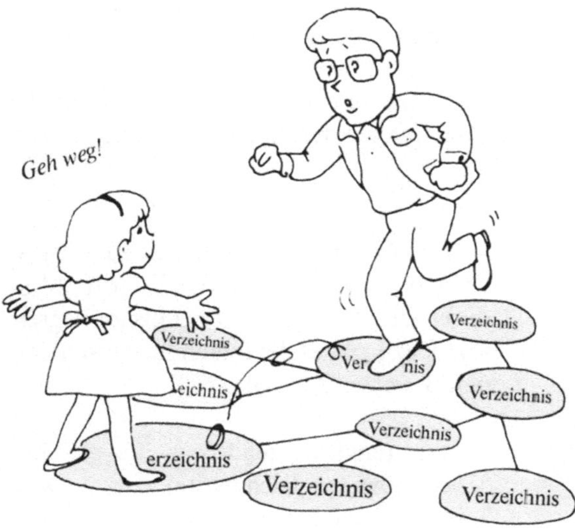

Ein Benutzer kann sich von einem Verzeichnis ins andere bewegen und dann die „Kinder"-Dateien jedes Verzeichnisses benutzen. Aber es gibt einige Verzeichnisse, auf die nicht zugegriffen werden kann baum gelangen, den das UNIX-System darstellt. Und der Benutzer hat nicht nur den Zugriff auf seine eigenen Dateien, sondern sogar auf die anderer Benutzer.

Die Idee, Dateien als eine Art Gemeingut zu betrachten, ist nicht neu, doch hat es bei der aktuellen Realisierung mit anderen Betriebssystemen dabei zahlreiche Schwierigkeiten gegeben. Die Freizügigkeit, mit der UNIX dem Benutzer erlaubt, von einer Datei im System zu einer anderen zu gelangen, ermöglicht es, die Dateien anderer Benutzer zu benutzen. Dies hat dazu geführt, daß Programme zunehmend von Benutzern gemeinsam genutzt werden, außerdem wird auch die Verwendung existierender Programme als Bestandteile für neue Programme dadurch unterstützt.

Natürlich besteht immer noch das Problem, daß man ein fremdes Programm nicht benutzen kann, wenn man nicht weiß, wie es benutzt werden soll. UNIX allein kann dieses Problem nicht lösen. Aber immerhin bietet UNIX eine Umgebung, die eine gemeinsame Nutzung erleichtert. In der Zwischenzeit paßt UNIX sorgfältig auf die Dateien auf, die der Benutzer schützen möchte.

Schützen von Dateien

UNIX macht es leicht, fremde Dateien zu benutzen; es bietet jedoch auch **Schutzfunktionen** für Dateien, bei denen Sie nicht wollen, daß andere Personen sie sehen, verändern oder ausführen.

Wenn z. B. eine Firma ein Programm entwickelt, daß sie geheim halten will, ist es notwendig, dieses Programm davor zu schützen, daß es irgend jemand außerhalb der Projektgruppe, die es entwickelt, lesen kann. Es gibt auch Dokumente, die geheim bleiben sollen. Die Daten in einer Gehaltsdatei müssen vor unbefugtem Überschreiben geschützt werden. Und es ist notwendig, Programme, die sich in der Entwicklung befinden, vor dem ungeschickten Herumbasteln von Anfängern zu bewahren sowie Programme und Dateien vor böswilligen Veränderungen zu schützen.

Es kommt sogar manchmal vor, daß Sie einige Ihrer Programme davor schützen wollen, daß sie von anderen Abteilungen derselben Firma benutzt werden.

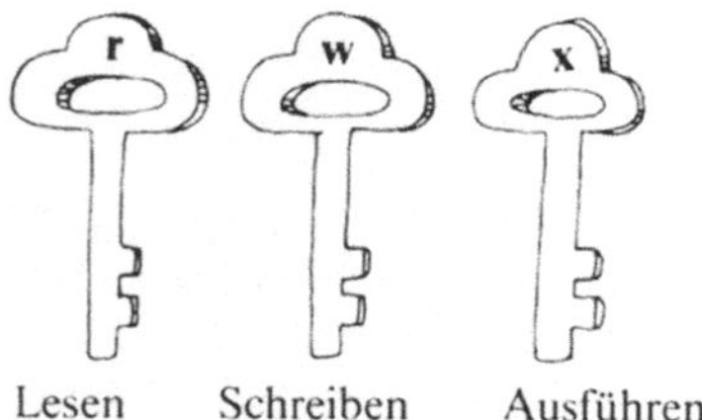

Diese drei Zugriffsarten sind für jede Datei möglich

Um diesen Anforderungen zu entsprechen, erlaubt es UNIX, den Zugriff auf jede Datei und jedes Verzeichnis zu begrenzen. Dazu gibt es die folgenden verschiedenen Benutzergruppen:

1. Lesen (englisch: read) r
2. Schreiben (englisch: write) w
3. Ausführen (englisch: execute) x

Diese Operationen haben eine etwas unterschiedliche Bedeutung, je nachdem, ob sie für Dateien oder für Verzeichnisse angewandt werden. Ohne die Erlaubnis, eine Datei zu lesen, können Sie nicht sehen, was darin steht. Ohne die Erlaubnis, in eine Datei zu schreiben, können Sie sie nicht ändern. Und natürlich benötigen Sie auch eine Erlaubnis, wenn Sie eine (Programm-)Datei ausführen wollen.[1]

Die Lese-Erlaubnis für ein Verzeichnis bestimmt, ob es möglich ist oder nicht, eine Liste der „Kind"-Dateien und Verzeichnisse des jeweiligen Verzeichnisses zu erhalten. Wenn das Lesen verboten ist, kann man die Liste nicht erhalten, doch hat dies keinen Einfluß auf den Zugriff. Deshalb ist es noch nicht verboten, in „Kind"-Verzeichnisse zu gehen oder sie zu verändern.

Die Schreib-Erlaubnis wird benötigt, um ein neues „Kind" in einem Verzeichnis zu schaffen oder ein existierendes zu zerstören.

Wenn die Ausführung eines Verzeichnisse verboten ist, ist der Zugriff auf Nachfolger unmöglich. Es ist jedoch möglich, eine Liste zu erhalten und die Kinder anzusehen. Diese drei Zugangsbeschränkungen können für jede der folgenden Benutzergruppen erteilt werden:

1. Den Besitzer der Datei oder des Verzeichnisses (die Person, die es erstellt hat).
2. Eine Benutzergruppe.
3. Andere Benutzer.

[1] Die einzigen Dateien, die sinnvoll ausgeführt werden können, sind compilierte Objektprogramme und Shell-Prozeduren

Lassen Sie uns nun erklären, was mit einer Gruppe gemeint ist. Im oben angeführten Beispiel einer Projektgruppe kann das Programm nicht weiterentwikkelt werden, sofern die Mitglieder der Gruppe nicht die Zugriffsrechte **r**, **w** und **x** haben. Personen außerhalb der Gruppe hingegen sollen keinen Zugriff auf die Datei haben. UNIX erlaubt es, eine Gruppe zu definieren, indem die Namen der dazugehörigen Personen registriert werden. In unserem Beispiel würden dem Besitzer und der Gruppe alle drei Zugriffsrechte gegeben, und andere Personen erhielten gar keine.

Die Art der Zugriffserlaubnis auf eine Datei oder ein Verzeichnis und die Zuordnung zu einem bestimmten Benutzer werden zusammen als **Schutzmodus** bezeichnet. Der Schutzmodus kann nur durch den Benutzer geändert werden, der die Datei oder das Verzeichnis erstellt hat und als Besitzer der Datei bezeichnet wird, sowie durch den System-Supervisor, der als **Super-User** bezeichnet wird. Da der Super-User für den Betrieb des Systems verantwortlich ist, hat er eine Reihe von speziellen Rechten, die normale Benutzer nicht haben. Jedoch ist es bei einer sehr wichtigen geheimen Datei möglich, daß Sie selbst dem Super-User keinen Einblick in Ihre Daten geben wollen. UNIX bietet die Möglichkeit, den Inhalt einer solchen Datei so zu verschlüsseln, daß der Super-User sie nicht mehr verstehen kann. Nur jemand, der im Besitz des Schlüsselwortes ist, kann die Daten entschlüsseln.

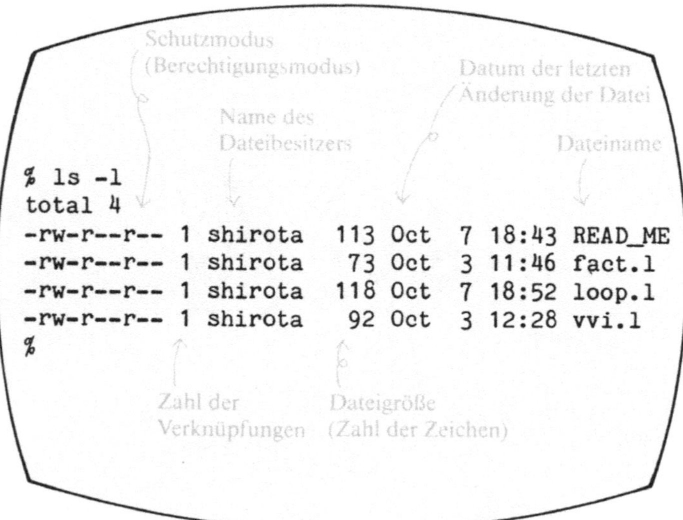

Detaillierte Anzeige des Inhalts einer Datei (oder eines Verzeichnisses) mit Hilfe des Kommandos ls-l

Schutzmodus (Berechtigungsmodus) von Dateien

Dies ist eine normale Datei. Da der Besitzer die rwx-Berechtigung hat, unterliegt er keinen Beschränkungen, wogegen die übrigen Benutzer die Dateien nur ausführen dürfen (x)

```
% cd games
% ls -l
total 1867
-rwxr-xr-x 1 daemon      54 Apr  3  1984 aardvark
-rwxr-xr-x 1 daemon   35860 Feb 12  1982 adventure
drwxr-xr-x 2 daemon      48 Sep 21 16:44 advfiles
-rwx--x--x 1 root     20986 Mar  2  1983 aliens
-rwxr-xr-x 1 daemon    5264 Feb 12  1979 arithmetic
-rwxr-xr-x 1 daemon   16384 Oct 16  1980 backgammon
-rwxr-xr-x 1 daemon   15340 Oct 16  1984 banner
-rwxr-xr-x 1 daemon    2816 Oct 21  1979 bcd
-rw-r--r-- 1 daemon  256977 Mar 28  1982 bogdict
-rwxr-xr-x 1 daemon   17408 Oct 16  1980 boggle
-rwxr-xr-x 1 oct      33662 Feb  3  1982 canfield
-rwxr-xr-x 1 root     21504 Dec 20  1984 chase
-rwxr-xr-x 1 daemon    4136 Oct 16  1983 chess
-rwxr-xr-x 1 daemon     168 Dec 18  1981 ching
-rw-r--r-- 1 root     23552 Sep 21 16:58 core
-rwxr-xr-x 1 root     20480 Nov 10  1984 cribbage
-rwxr-xr-x 1 root     24276 Jul  9  1981 doctor
-rwxr-xr-x 1 daemon   11264 Oct 16  1980 fish
-rwx--x--x 1 78        9116 Mar  6  1983 fortune
```

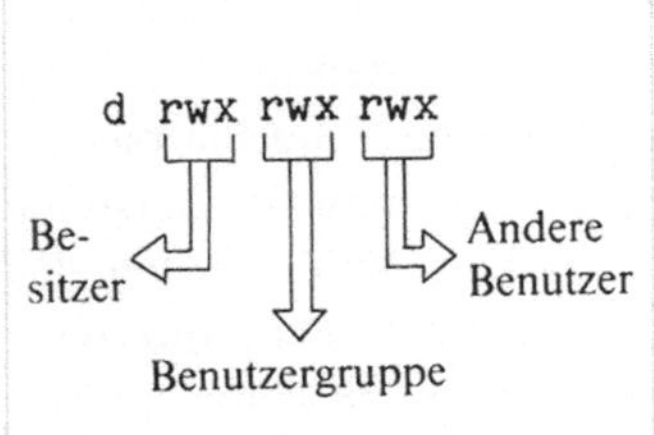

„-“ (ein Bindestrich) weist darauf hin, daß keine Zugriffsberechtigung besteht. „d“ steht für „directory“ (Verzeichnis); steht anstelle des „d“ ein „-“, so handelt es sich um eine normale Datei

Codierung und Decodierung einer Datei mit CRYPT

Originaldatei

```
******* BIRTH_DAY   FILE *******
izw          Dec  21
kana         Jan  20
yama         Apr   1
```

Codierung Decodierung

Es wurde versucht, eine codierte Datei mit einem „cat“-Kommando unter Verwendung eines Geheimschlüssels zu lesen, doch auf dem Bildschirm erscheinen nur unverständliche Zeichenfolgen. Diese Datei war nicht zum Ansehen bestimmt

```
$ cat secret_file
H
 jO/p!ir;~@dh?U*zGe&(nj-$
                $        '(3#+d`#huu.+ay{R6wI\@%QLv]q2Xy?^d
```

Spezielle Ein-/Ausgabedateien

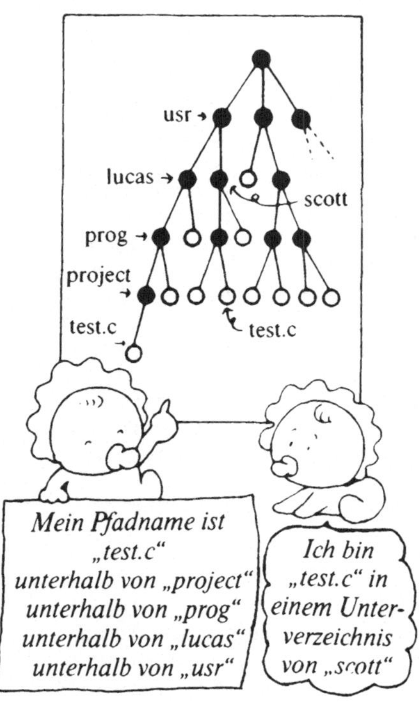

UNIX hat viele Benutzer. Nehmen wir an, daß Sie und ein anderer Benutzer verschiedene Dateien erstellen, ihnen jedoch den gleichen Namen geben. Wird das System sie durcheinander bringen? Die Antwort ist NEIN. Dies liegt daran, daß die beiden Dateien zwar den gleichen Namen haben, jedoch zu verschiedenen Verzeichnissen gehören. Dies ist ähnlich dem Fall, daß man zwei Kinder mit dem gleichen Vornamen dadurch unterscheiden kann, daß sie verschiedene Nachnamen haben. Selbst wenn der Familienname der gleiche sein sollte, könnte man sie wegen ihrer verschiedenen Vorfahren unterscheiden.

Ein charakteristisches Merkmal von UNIX besteht darin, daß jede Datei und jedes Verzeichnis eindeutig angegeben werden kann. Wenn Sie an der Wurzel der UNIX-Baumstruktur starten und jeweils die Verzeichnisse angeben, die Sie passieren, kommen Sie natürlicherweise bei einer einzigen Datei an. In UNIX werden die Verzeichnisse, durch die Sie hindurchgehen, um zu einer bestimmten Datei (oder einem Verzeichnis) zu gelangen, als **Pfad** bezeichnet. Jede Datei erhält einen **Pfadnamen**, der in eindeutiger Weise angibt, durch welche Verzeichnisse man - von der Wurzel aus beginnend - hindurch muß, um dorthin zu gelangen.[1]

Deshalb können Sie auch dann, wenn zwei Benutzer verschiedenen Dateien den gleichen Namen geben, sofort sagen, daß es sich um verschiedene Dateien handelt, wenn Sie den vollständigen Pfadnamen sehen. Da sich ein Benutzer in UNIX zwischen den verschiedenen Verzeichnissen frei hin- und herbewegen kann, kann er sich gelegentlich „verlaufen" und in einem falschen Verzeichnis landen. Sollte sich in diesem Verzeichnis eine Datei befinden, die zufällig denselben Namen hat wie die gesuchte, würde der Benutzer natürlich an eine falsche Datei geraten. Bevor Sie eine Datei verändern, sollten Sie sich deshalb davon überzeugen, daß Sie sich im richtigen Verzeichnis befinden.

[1] Es gibt einige Pfadnamen, die an der Wurzel beginnen und einige, die irgendwo anders beginnen

Fügt man die Datei eines anderen Benutzers als „Kind"-Datei in das eigene Verzeichnis ein, so wird dies als **Verbinden** (engl. *link*) bezeichnet. Nach dem Verbinden kann man die Datei dann so benutzen, als befände sie sich im eigenen Verzeichnis. Die Datei ist jedoch hierdurch nicht kopiert worden, sondern existiert weiterhin nur an der ursprünglichen Stelle.

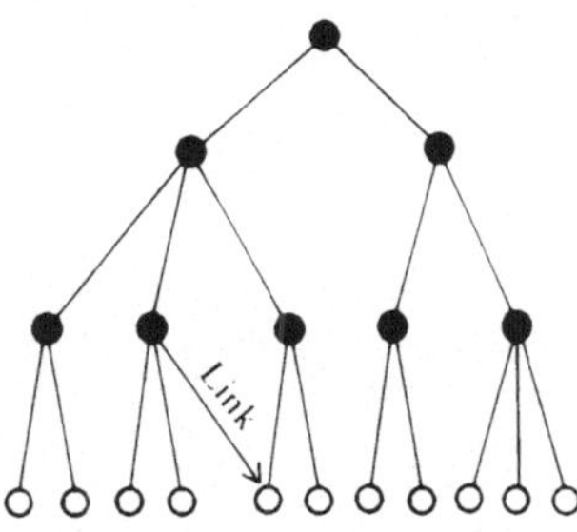

Eine Datei, die von einem anderen erstellt wurde, kann man auch mit seiner eigenen Datei verbinden. Umgekehrt ist es ebenfalls möglich, die eigene Datei mit einer anderen zu verbinden.

Spezielle Ein-/Ausgabedateien

Lassen Sie uns einmal die Gehaltsabrechnung in einer Firma betrachten. Dazu werden zwei Dateien benötigt: eine, die das Abrechnungsprogramm enthält und eine, die die benötigten Daten enthält. Die Datei mit den Daten enthält Informationen über die Angestellten der Firma. Eine dritte Datei wird benötigt, um die Ergebnisse der Kalkulation zu speichern. Die Daten werden aus der Datei mit

Datei mit den Eingabedaten	· Name · Abteilung · Gehalt	Eingabe	Programmdatei	Gehaltabrechnungsprogramm	Ausgabe	Datei mit den Ausgabedaten	Ergebnisse der Gehaltsabrechnungen

Wenn keine Ausgabedatei angegeben wird, erfolgt die Ausgabe einmal auf dem Bildschirm - und das war's

den Stammdaten entnommen, die entsprechenden Berechnungen werden durchgeführt und die Ergebnisse dann in eine Ausgabedatei geschrieben.

Man benötigt also gelegentlich Eingabe- und Ausgabedateien. In solchen Fällen muß man einen Namen für die Ein-/Ausgabedatei angeben. Was geschieht, wenn keine Ausgabedatei angegeben wird? Die Berechnungsergebnisse werden weiterhin auf dem Bildschirm des Terminals ausgegeben. Wird jedoch eine Ausgabedatei angegeben, gehen die Ergebnisse in diese Datei und werden nicht angezeigt.

Die Tastatur kann man sich als eine Art Eingabedatei vorstellen

Es könnte so aussehen, als wäre die Bildschirmausgabe tatsächlich eine Art von Datei. Es gibt jedoch einen Unterschied. Sie können Daten auf den Bildschirm schicken, doch der Computer kann sie nicht wieder zurückholen. Wenn der Bildschirm ausgeschaltet wird, sind diese Daten verloren. Wir können uns eine normale Datei so vorstellen, als bestände ihr Unterteil aus einem „Korb“, wogegen die Bildschirmanzeige ein „Loch“ im Boden hat, so daß die Zeichenfolgen einfach hindurchgehen und nicht mehr zurückkommen.

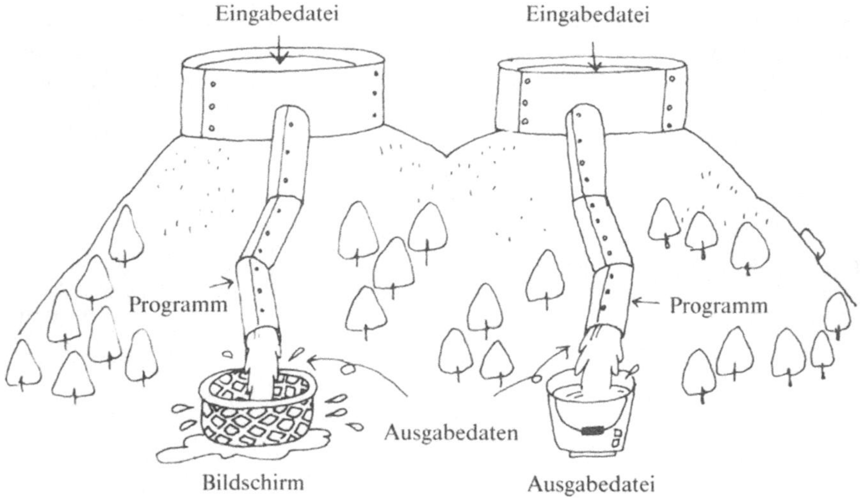

Bei der Ausgabe von Programmergebnissen kann man sich den Bildschirm als eine Art Datei vorstellen

Wie sieht es nun mit der Tastatur, dem Standard-Eingabegerät, aus? Eine Tastatur wird zur Eingabe von Zeichenfolgen benutzt, kann jedoch auch als Datei betrachtet werden. Auch ein Drucker wird als eine spezielle Datei betrachtet.

Somit können alle Ein- und Ausgabegeräte, wie Bildschirm, Tastatur und Drucker, als eine Art von Datei betrachtet werden, die in UNIX „**Spezialdatei**" heißt. Sie haben ihre eigenen Dateinamen und können wie normale Dateinamen angegeben werden, wenn eine Ein- oder Ausgabe erfolgen soll. Dies ist für den Benutzer sehr bequem, wenn er ein Programm schreibt. Er muß keine besonderen Prozeduren ausführen, nur weil es sich um eine Ein- oder Ausgabe handelt. Die Möglichkeit, Ein- und Ausgabegeräte genau so wie andere Dateien zu behandeln, macht dem Benutzer das Leben leichter.

Wenn nichts anderes angegeben ist, wird in UNIX angenommen, daß die Tastatur die Eingabedatei und die Bildschirmanzeige die Ausgabedatei ist. Diese werden als „Standardeingabe" und „Standardausgabe" bezeichnet.

Eingabe in und Ausgabe aus Dateien

In UNIX können bestimmte Ein-/Ausgabedateien genauso wie normale Dateien behandelt werden. Um z. B. den Inhalt einer Datei namens „**test**" mit Hilfe des Dateiausgabekommandos **pr** auf dem Bildschirm anzuzeigen, würde man die Anweisung **pr test** benutzen. Sollen die Daten dagegen in einer anderen Datei namens „**junk**" gespeichert werden, würde die Anweisung lauten: **pr test > junk**. Dadurch erfolgt eine Kopie des Ergebnisses von **pr test** in die Datei **junk**. Da angegeben wurde, daß die Daten, die normalerweise auf den Bildschirm geschickt werden, jetzt in die Datei **junk** geleitet werden sollen, sind die Daten anschließend in **junk**. Wird stattdessen eine Ausgabe auf den Drucker gewünscht, so muß lediglich an Stelle von **junk** der Dateiname des Druckers angegeben werden. Lautet der Dateiname des Druckers z. B. „/dev/sp0", so lautet die Anweisung nun **pr > /dev/sp0**. Da das Format der Kommandos für alle Dateien gleich bleibt, können sogar spezielle Ein-/Ausgabedateien leicht gehandhabt werden.

Spezielle Dateien haben Dateinamen genauso wie normale Dateien

pr test . . . . Bildschirmausgabe (Standardausgabegerät)
pr test > junk . . . . Ausgabe in die Datei „junk"
pr test > /dev/sp0 . . . . Druckerausgabe

Von UNIX aus betrachtet, handelt es sich einfach um eine Änderung der Standardausgabedatei. Ist weiter nichts angegeben, so erfolgt die Ausgabe auf dem Bildschirm; „>" bewirkt eine Umleitung der Daten(ausgabe), wie in den Beispielen gezeigt wurde.

In ähnlicher Weise wird „<" benutzt, um vom Standardeingabegerät (der Tastatur) auf ein anderes Eingabegerät umzuschalten.

cat < test . . . . Eingabe von der Datei „test"

Für den UNIX-Betrieb erforderliche Dateien

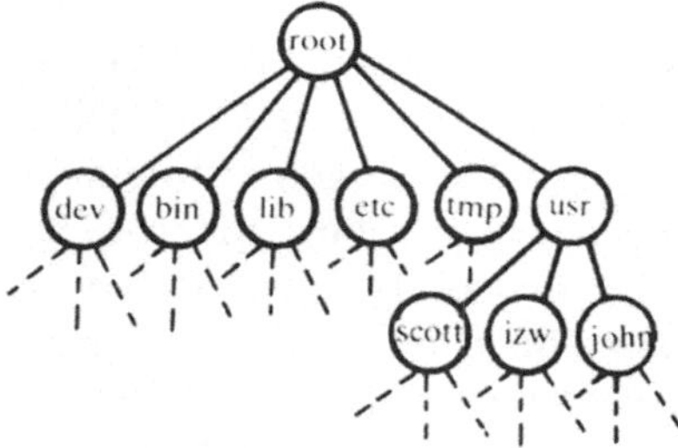

Die Standard-„Kinder" der Wurzel eines UNIX-Datei-Systems

Das gesamte Datei-System von UNIX bildet eine einzige Baumstruktur. In jedem System gibt es eine Reihe von systemspezifischen Dateien und Verzeichnissen, aus denen sich dieser Baum zusammensetzt, doch die grundlegenden Dateien und Verzeichnisse, die für den Betrieb von UNIX erforderlich sind, sind überall mehr oder weniger die gleichen. Sehen wir uns einmal an, welche Arten von grundlegenden Verzeichnissen benötigt werden.

Direkt unterhalb der Wurzel der Baumstruktur befinden sich die folgenden Verzeichnisse als „Kinder". Das übrige Dateisystem besteht dann aus Nachfolgern dieser Verzeichnisse.

dev
bin
lib
etc
tmp
usr

Im folgenden wollen wir die jeweiligen Merkmale dieser Verzeichnisse erläutern.

dev (device, Gerät)

Unter diesem Verzeichnis werden im allgemeinen die verschiedenen Spezialdateien zusammengefaßt.[1] In UNIX werden Ein-/Ausgabegeräte wie Drucker, Tastatur, Bildschirm, Plotter etc. als Spezialdateien betrachtet; somit hat jedes dieser Geräte seinen eigenen Dateinamen und wird ein Nachfolger von **dev**. Dazu kommen noch die Dateinamen der externen Speicher, wie Festplatten, Disketten und Magnetbandlaufwerke. Da jedes UNIX-System seine eigenen Geräte hat, unterscheiden sich die Nachfolger von **dev** bei den einzelnen Systemen voneinander.

bin (binary, Binärdaten)

Das Verzeichnis mit dem Namen **bin** enthält Dateien mit ausführbaren Dienstprogrammen. Diese Programme können mit dem entsprechenden UNIX-Kommando unmittelbar ausgeführt werden. Wenn der Benutzer ein solches Kommando über die Tastatur eingibt, wird das Programm in der entsprechenden Programmdatei des Verzeichnisses **bin** sofort ausgeführt.

lib (library, Bibliothek)

Dateien aus dem **lib**-Verzeichnis enthalten Unterprogrammdateien, die von Bibliotheks- und Dienstprogrammen benutzt werden. Hier befinden sich die Verarbeitungssysteme für die Computersprachen, wie z. B. der C-Compiler.

etc (et cetera)

In den Dateien dieses Verzeichnisses befinden sich Daten und Dienstprogramme, die vom UNIX-System benutzt werden und nicht unbefugt verändert werden dürfen. Dazu gehören auch Dateien, die für die Wartung des Systems benutzt werden. Auch die Datei mit den Namen aller Benutzer des Systems befindet sich hier.

tmp (temporary, temporäre Dateien)

In diesem Verzeichnis befinden sich temporäre Dateien, wie z. B. eine Datei, die eine noch nicht endgültige Version eines Textes enthält. Da hier alle Dateien nur vorläufig gespeichert sind und häufig benutzt werden, wird normalerweise ein Speichermedium mit schneller Zugriffsmöglichkeit (wie eine Festplatte) zur Speicherung benutzt.

---

[1] UNIX erlaubt es, daß diese Dateien an beliebiger Stelle stehen; lediglich aus Gründen der Konvention und der Bequemlichkeit werden sie in das **/dev** Verzeichnis gruppiert

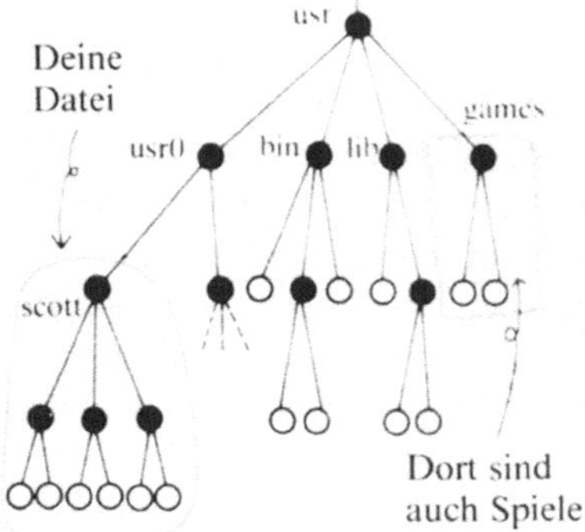

Ein Beispiel für die mögliche Anordnung der Nachfolger von **usr**

usr (user, Benutzer)

Dieses Verzeichnis dient zum Erstellen weiterer (Unter)Verzeichnisse. Da es viele Dateien und Verzeichnisse gibt, die von dieser Datei ausgehen, werden diese oft auf Hilfsspeicher ausgelagert, die nicht immer angeschlossen sein müssen. Die Standard-Ein-/Ausgabe-Unterprogramme für C-Programme befinden sich hier.

Unter den „Kinder"-Verzeichnissen von **usr** befinden sich manchmal die Namen **bin** und **lib**, die bereits als Verzeichnisnamen aufgetreten sind. Dies liegt daran, daß die Sekundärspeicher manchmal nicht genügend Kapazität haben, um alle Ableger dieser Verzeichnisse aufzunehmen. In solchen Fällen ist es notwendig, Teile von **bin** und **lib** auf portablen Speichereinheiten zu halten, die vom System getrennt werden können.

Es gibt auch ein Verzeichnis mit dem Namen **games**, in dem sich Spiele wie Backgammon, Schach, Dame usw. befinden. Die Möglichkeit, solche Spiele mit

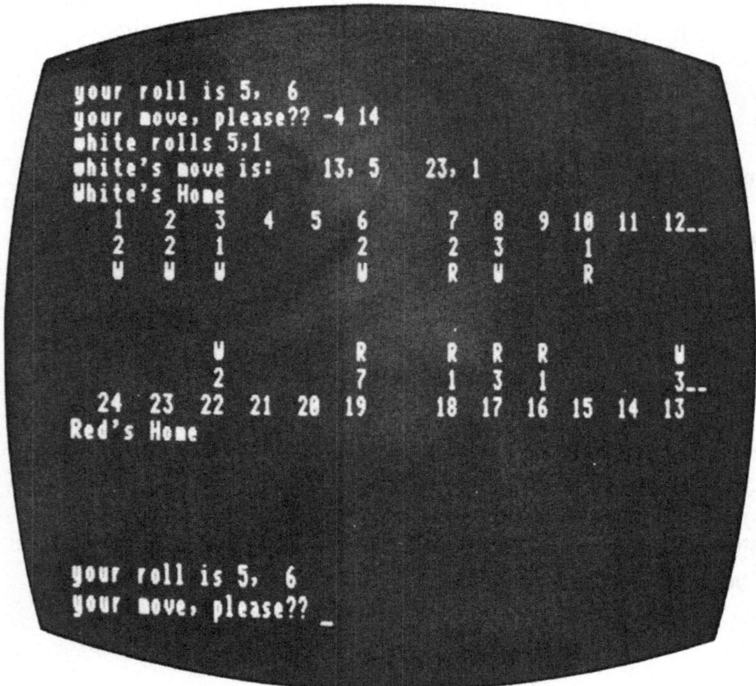

Ein Beispiel für eine Bildschirmanzeige während eines Backgammonspiels

in das System einzubeziehen, ist eines der interessanten Merkmale von UNIX, für das wir den UNIX-Entwicklungsleuten von den Bell Telephone Laboratories danken können.

Schließlich befinden sich unter **usr** alle Verzeichnisse, die von normalen Benutzern erstellt worden sind. Der System-Supervisor kann sich überlegen, welches System den Arbeitsabläufen in seinem Forschungsinstitut oder in seiner Firma am besten entspricht und eine hierarchische Struktur der Benutzerdateien entwerfen, die diesen Anforderungen optimal genügt.

Die Kommandoverarbeitungssprache Shell

Das Kommandoverarbeitungssystem

Wer mit einem Computer arbeitet, hat viele Aufgaben zu erledigen. Neue Dateien müssen erstellt werden, nicht mehr benötigte Dateien müssen gelöscht werden, man muß sich den Inhalt von Dateien ansehen, Dateien mischen oder aufgliedern, zwei Dateien miteinander vergleichen, um Unterschiede zwischen ihnen festzustellen usw. Man muß so grundlegende Operationen durchführen wie das Compilieren von Programmen sowie Ein- und Ausgabedateien angeben, die bei der Ausführung dieser Programme benutzt werden.

Mit diesen grundlegenden Operationen hat jeder zu tun, gleichgültig, ob es sich um Programmierer oder um Schreibkräfte handelt, die den Computer als Textverarbeitungssystem benutzen. Vom Standpunkt des effektiven Gebrauchs menschlicher Arbeitskraft ist ein System verschwenderisch, das Operatoren erfordert, die die ganze Zeit daran arbeiten, so daß die tatsächliche Arbeit überhaupt nicht voran kommt, oder wenn bei dem System die Operatoren leicht viele Fehler machen können.

Welche Teile eines Betriebssystems bestimmen, ob es leicht zu benutzen ist oder nicht? Tatsächlich ist die Antwort nicht leicht; sie hängt weitgehend von der Qualität des Programmes ab, das die Kommandos ausführt, die vom Benutzer eingegeben werden. Ein **Kommando** muß eingegeben werden, um den Computer zu irgendeiner Tätigkeit zu bewegen, sei es die Verarbeitung einer Datei, das Übersetzen eines Programmes oder sonst irgend etwas.

Das Kommandosystem von UNIX ist so konzipiert, daß der Operator möglichst effektiv arbeiten kann

Ein Problem liegt in der Art der Kommandos in einem System. Verfügt ein System über Kommandos, die die verschiedenen Operationen einfach und klar darstellen, so stellt dies eine große Hilfe für die Operatoren dar. Wenn Sie eine gute Umgebung für Ihre Computeranwendungen suchen, so besteht einer der ersten Schritte darin, ein Betriebssystem auszuwählen, das ein Kommandoverarbeitungssystem enthält, mit dem sich die Effektivität der Operatorentätigkeit erhöhen läßt.

Das UNIX-Kommandoverarbeitungssystem: Shell

UNIX hat ein Kommandoverarbeitungssystem, das sehr leicht zu benutzen ist. Es heißt **shell** (Schale). Wir wollen der Reihe nach die zahlreichen hervorragenden Merkmale der Shell beschreiben, doch lassen Sie uns zunächst einmal sehen, über welche grundlegenden Fähigkeiten dieses Programm verfügt.

Sobald ein Benutzer sich an sein Terminal setzt und beginnt, das UNIX-System zu benutzen, wird ein Shell-Programm für diesen Benutzer gestartet. Dann geht der Computer in einen Bereitschaftszustand und wartet auf Kommandos des Benutzers (oder Operators). Wenn der Operator ein Kommando über die Tastatur eingibt, so wird dieses Kommando sofort der Shell übergeben.

Die Aufgabe der Shell ist es nun, „Kommandos, die für ein menschliches Wesen leicht verständlich sind, in solche Kommandos zu übertragen, die von der Maschine verstanden werden können". Die Shell untersucht die Zeichenkette, aus der ein Kommando gebildet wird. Sofern es sich um einen zulässigen Namen handelt, sucht sie nach einer Datei mit diesem Namen und führt das Kommando dann aus. In vielen Fällen steht die Kommandodatei in den Verzeichnissen **/bin** oder **/usr/bin**. Die Shell entschlüsselt auch das Argument oder die Argumente, die oft (wenn auch nicht immer) hinter einem Kommando angegeben sind, und leitet den Datenfluß gegebenenfalls von/zu den Standard-Ein-/Ausgabedateien.

Die Shell kann also als ein sogenannter **Kommandospracheninterpreter** angesehen werden.

„Shell" ist ein Kommandosprache-Interpreter, der die Kommandos interpretiert, die dem Computer eingegeben werden

Die Shell überbrückt den Abstand zwischen dem Operator und dem Computer, um dem Operator eine komfortable Betriebsumgebung zu bieten. Wenn der Benutzer beginnt, mit dem Computer zu arbeiten, wird ausschließlich für ihn eine eigene Shell gestartet, um eine für ihn passende Umgebung zu schaffen. Wenn viele Benutzer den Computer benutzen, laufen mindestens ebenso viele (meistens mehr) Shells, um die von den verschiedenen Benutzern eingegebenen Kommandos zu interpretieren.

Die Standard-Kommandodateien von UNIX befinden sich in den Verzeichnissen **/bin** und **/usr/bin**, doch ein Benutzer kann auch ein Verzeicnis für seine eigenen Kommandodateien erstellen. In UNIX kann der Inhalt einer Datei - unabhängig davon, wo die Datei gespeichert ist - als Kommando ausgeführt werden, sofern die Datei das Attribut „ausführbar" besitzt. (Manchmal sprechen wir vom Ausführen einer Datei statt von der Ausführung eines Kommandos). Wenn ein Kommando eingegeben wird, durchsucht die Shell der Reihe nach die Verzeichnisse in dem **angegebenen Pfad**. Eine Shell-Variable **PATH** zeigt die Reihenfolge der Suche und den Inhalt von **PATH** an.

PATH = :usr/superman/bin:/bin:usr/bin

- Die leere Zeichenkette (gar nichts) direkt hinter dem = bezeichnet das aktuelle Verzeichnis.

Wenn ein Kommando **ls** im obigen Beispiel von der Shell ausgeführt wird, überprüft die Shell zunächst, ob **ls** in dem aktuellen Verzeichnis existiert. Wenn es nicht vorhanden ist, überprüft die Shell, ob es die Datei **/usr/superman/bin/ls** gibt usw. Dieser Kommando-Suchpfad kann von jedem Benutzer geändert werden.

Einfache und klare Kommandos

Wenn man mit UNIX arbeiten will, muß man die Shell-Kommandos lernen. Die Kommandonamen sind einfach. Außerdem werden von der Shell sehr wenige Meldungen ausgegeben; tatsächlich gibt es beinahe gar keine, es sei denn, Sie machen einen Eingabefehler. Für einen erfahrenen Operator bedeuten einfache Kommandos und wenige Meldungen eine Arbeitserleichterung. Da ein erfahrener Opera-

◁ **UNIX ist ein Betriebssystem, das nur wenige Meldungen ausgibt** tor nicht viele Fehler macht, bedeuten weniger Meldungen weniger Unterbrechungen. Insofern ist das System für erfahrene Benutzer konzipiert. Da UNIX für gewöhnlich nicht viele Meldungen ausgibt, bleibt dem Benutzer nur die Möglichkeit anzunehmen, daß es richtig funktioniert.

Jedoch kann diese Einfachheit für einen Benutzer, der das System noch nicht kennt, problematisch sein. Ein Anfänger macht wahrscheinlich viele Fehler. Die Einfachheit der Kommandos bedeutet, daß der Schaden, den ein Fehler anrichtet, vervielfacht wird, und die fehlenden Meldungen bedeuten, daß der Anfänger oft nicht genau weiß, was er tut und unsicher wird. Wenn der Anfänger jedoch gewissenhaft ist und auf das achtet, was er tut, kann ihm die Einfachheit des Verarbeitungssystems tatsächlich zu schnelleren Fortschritten verhelfen. Und hat er sich einmal daran gewöhnt, wird er die Einfachheit schätzen.

Definition von Kommandos

Es gibt gewisse Folgen von Arbeitsabläufen, die bei der Arbeit an einem Computer immer wieder auftreten. Es ist bequem, wenn eine solche Folge von Operationen mit einem einzigen Kommando zusammengefaßt werden kann.

Mit der Shell kann sich jeder Benutzer seine eigenen Kommandos definieren. Eine Datei, die solche Kommandos enthält, wird als **Kommandodatei** bezeichnet. Wenn eine solche Datei erstellt und als ausführbar markiert wird, so hat der Benutzer ein Kommando geschaffen, das er privat benutzen kann.[1]

Nachdem ein solches Kommando einmal erstellt worden ist, ist man von der Mühe entbunden, jedesmal von neuem lange Kommandofolgen über die Tastatur einzugeben, wodurch die Effizienz der Arbeit vergrößert wird. Eine solche Anordnung von mehreren Kommandos wird als **Kommandoprozedur** oder als **Shellprozedur** bezeichnet.

Innerhalb der Shell können auch Variablen – **Shellvariablen** genannt – benutzt werden. Lange Zeichenketten werden oft als Werte der Shellvariablen benutzt. Wenn eine lange Zeichenkette als Shellvariable benutzt wird, erübrigt es sich oft, diese Kette wiederholt einzugeben.

Eine Shellvariable kann innerhalb einer Shellprozedur benutzt werden. Der Wert kann dann später durch ein Kommandoargument übergeben werden.

Der Benutzer kann leicht seine eigene Kommandodatei erstellen

[1] Um eine Datei als Kommando zu benutzen, genügt es, **x** für „execution" als Kennung für den Dateizugriff anzugeben

Einige Shellvariablen werden benutzt, um die Benutzerumgebung festzulegen. Beispiele dafür sind **PATH** (weiter oben erklärt) und **HOME**. **HOME** bestimmt das Verzeichnis, in dem der Benutzer „zu Hause“ ist. Diese Werte können vom Benutzer frei verändert werden.

Ersetzungszeichen

Damit man nicht immer alle Dateinamen vollständig eingeben muß, gibt es sogenannte „Ersetzungszeichen“, die in den Dateinamen wie „Joker“ benutzt werden können. (Anmerkung: Der Name „Joker“ ist von bestimmten Kartenspielen her bekannt, bei denen gewisse Karten für jede beliebige andere Karte benutzt werden können.) Es gibt die folgenden drei Arten von Ersetzungszeichen.

*	Eine beliebige Zeichenkette einschließlich der leeren Zeichenkette (d.h. der Zeichenkette, die 0 Zeichen - mit anderen Worten: gar nichts - enthält.
?	Ein beliebiges Zeichen
[...]	Ein beliebiges von den in Klammern angegebenen Zeichen

Lassen Sie uns nun versuchen, das Kommando **ls** zu benutzen, mit dem alle Datei- und Verzeichnisnamen des aktuellen Verzeichnisses aufgelistet werden können. Wir wollen davon ausgehen, daß die nachstehend angegebenen Dateinamen existieren.

```
% ls
data1_1    data3_1    prog.c    t       test78.c
data1_2    data3_2    prog.o    temp
data2      data3_3    prog.s    test
```

Wenn „d*“ angegeben wird, so könnte damit einer der sechs Dateinamen, die mit „d“ beginnen, gemeint sein („Datei“ ist hier im weiteren Sinne zu verstehen). Tatsächlich ist es die Shell, die das Zeichen „d*“ durch die folgenden sechs Dateinamen ersetzt.

```
% ls d*
data1_1    data1_2    data2    data3_1    data3_2
data3_3
```

Wenn „prog.?" eingegeben wird, erscheint

```
% ls prog.?
prog. c     prog. o     prog. s
```

Wird „data?_?" eingegeben, so erscheint

```
% ls data?_?
data1_1     data1_2     data3_1     data3_2     data3_3
```

Gibt man „*" ein, so erscheint

```
% ls *
data1_1     data1_2     data2       data3_1     data3_2
data3_3     prog. c     prog. o     prog. s     t
temp        test        test78.c
```

Die Kombination von [13] mit * und ? ergibt

```
% ls *[13]??
data1_1     data1_2     data3_1     data3_2     data3_3
```

In den Klammern können auch Abkürzungen benutzt werden; [a-z], [0-9] steht für einen beliebigen Kleinbuchstaben von a bis z bzw. eine Ziffer von 0 bis 9.

Ersetzungszeichen können miteinander kombiniert und in jeder beliebigen Position benutzt werden: vor einer Zeichenfolge, in der Mitte oder danach.

Shell-Prozeduren

In einer Shell-Prozedur ist es wie in anderen höheren Programmiersprachen möglich, ein Programm mit Hilfe von Kommandos wie **„for"**, **„case"**, **„while"** und **„if"** zu schreiben. Will man solche Kontrollstrukturen benutzen, sollte man einige Programmiererfahrung in einer Sprache wie C, Pascal etc. besitzen.

Es erweist sich oft als günstig, Shell-Prozeduren zu benutzen, um dem Computer Anweisungen für bestimmte Verarbeitungen zu geben. Es ist natürlich möglich, ein Programm vollständig in einer Programmiersprache wie C oder Pascal zu schreiben, doch kann dies manchmal unnötig umständlich sein.

Beispiel für eine Shell-Prozedur

```
if      test $# -le 0
then
        echo "Usage: gar c [-p] [-r recordsize] name ..."
        echo "    or gar x [-p] [-]"
        echo "    or gar t [-p] [-]"
        exit
fi
case $1 in
c)
        shift
        /usr/lib/arc $@;;
t)
        shift
        /usr/lib/tab $@;;
x)
        shift
        /usr/lib/ext $@;;
*)
        echo "Key must be c, t or x.";;
esac
```

Syntax von if ~ then ~ fi

Syntax von case ~ esac

Worin besteht der Unterschied, wenn man eine Shell-Prozedur benutzt? Eine Shell-Prozedur hat eine Reihe von „Werkzeugen", die UNIX-Kommandos genannt werden. Deshalb ist es nicht notwendig, immer wieder von vorne anzufangen, wenn man ein Computerprogramm schreibt.

Stattdessen braucht man nur die vorhandenen Kommandos miteinander zu kombinieren. Je einfacher die Shell-Kommandos sind, desto einfacher können sie miteinander kombiniert werden, um eine komplizierte Operation durchzuführen.

Da es einfacher ist, eine Shell-Prozedur zu erstellen, als ein ganzes Programm, wird die Programmierzeit verkürzt. Außerdem lassen sich kleinere Veränderungen an bestehenden Kommandos leichter vornehmen, wenn man die Shell-Prozeduren verwendet. Da die Shell ein Interpreter ist, müssen Sie nicht warten, wie dies bei Compilern der Fall ist. Ihre Anweisungen werden gewissermaßen „im Gespräch" mit der Shell ausgeführt.

Datenfluß und Pipelines

Viele UNIX-Kommandos sehen so aus, daß eine Zeichenfolge aus einer Eingabedatei eingegeben und das Ergebnis der Verarbeitung in eine Ausgabedatei ausgegeben wird. Lassen Sie uns nun zu den schon kurz in Kapitel 3 angesprochenen Themen „Datenfluß" und „Pipelines" zurückkommen. In einem typischen Kommando (das in Wirklichkeit eine Art von Programm ist) werden die Daten über das Standardeingabegerät eingegeben, das Programm bewirkt eine bestimmte Verarbeitung der Daten und ein weiterer „Datenstrom", der das Ergebnis der Verarbeitung darstellt, wird an das Standardausgabegerät ausgegeben. Stellt man sich so den Datenfluß vor, der bei der Verarbeitung eines Kommandos stattfindet, so ähnelt dieser Vorgang dem Fließen von Wasser in einer Röhre oder Pipeline.

Solange keine anderen Ein- oder Ausgabedateien angegeben werden, dienen die Standard-Ein- und Ausgabegeräte (Spezialdateien) - nämlich die Tastatur und der Bildschirm oder der Fernschreiber - als Eingabe- und Ausgabedateien. Daraus ergibt sich, daß eine Eingabe- und eine Ausgabedatei bei der Ausführung eines Kommandos immer benutzt werden.

Bei der Ausführung eines Kommandos gibt es somit einen einzigen „Fluß" von Eingabedaten (im allgemeinen die Standard-Eingabe) und einen einzigen „Fluß" von Ausgabedaten (im allgemeinen die Standard-Ausgabe), und die Daten fließen ähnlich wie Wasser. Ein solches Kommando mit der Standard-Eingabe und -Ausgabe wird als **Filter** bezeichnet. Diese Vorstellung von einem Datenfluß ist nicht auf die Shell-Kommandos beschränkt; sie gilt allgemein für das ganze UNIX-System. Allerdings unterscheidet sich der Datenfluß von einem Wasserfluß. Wenn Wasser einmal ausgeflossen ist, ist es weg, im Fall der Daten

jedoch handelt es sich in Wirklichkeit nur um eine Kopie des Inhalts der Eingabedatei, die „ausfließt“, wobei die Daten gleichzeitig in der Datei bleiben.

Wenn mehrere Shell-Kommandos der Reihe nach ausgeführt werden, gibt es unsichtbare Dateien, die **Pipelines** genannt werden, die die Ausgabe- und Eingabefunktionen miteinander kombinieren. Eine Pipeline nimmt die Daten vom Standard-Ausgabestrom eines Kommandos und macht dieselben Daten - ohne sie in eine Ausgabedatei zu schicken - zum Standard-Eingabestrom für das nächste Kommando. Dies ist ein interessanter Name, der uns an Pipelines erinnert, die zum Transport von Wasser benutzt werden.

Eine Pipeline wird mit einem senkrechten Strich gekennzeichnet: „|“.

Angenommen, wir wollen Daten von einer Eingabedatei namens **data** übernehmen, ein Kommando namens **tst** ausführen, die Ergebnisse mit **sort** sortieren und sie dann an eine Datei mit dem Namen **result** ausgeben. Würden wir keine Pipeline benutzen, müßten wir folgendes schreiben:

```
tst < data > temp
sort < temp > result
```

Zuerst wird die Ausgabe des Kommandos **tst** in einer temporären Datei mit dem Namen **temp** zwischengespeichert; dann wird der Inhalt von **temp** als Eingabe für das **sort** Kommando benutzt. Anschließend ist noch ein Arbeitsvorgang erforderlich, um die Datei **temp** zu löschen.

Benutzen wir jedoch eine Pipeline, so brauchen wir nur folgendes zu schreiben:

```
tst < data | sort > result
```

Durch die Pipeline ist es unnötig geworden, eine Ausgabe- oder Eingabedatei in der Mitte des Programms anzugeben, wodurch sich eine große Vereinfachung ergibt.

Lassen Sie uns nun Pipelines für eine etwas kompliziertere Verarbeitung benutzen.

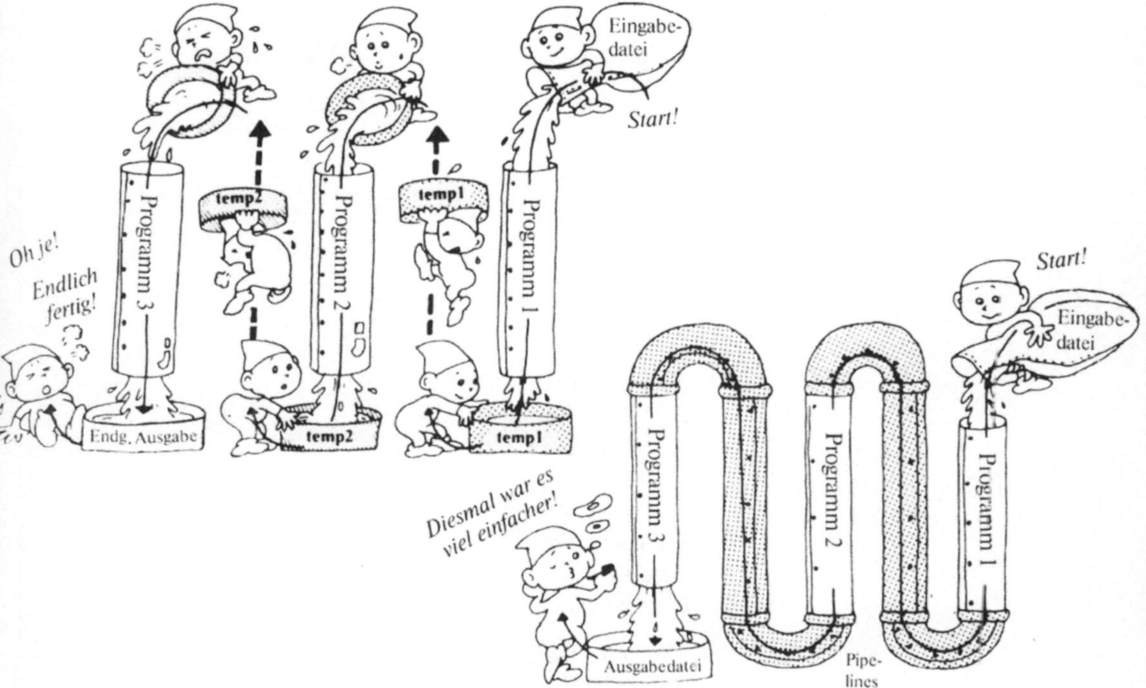

Wenn die Programme durch „Pipelines" verbunden sind, erübrigt sich die Zwischenspeicherung von Ein- und Ausgabedateien

Beispiel 1:

Angenommen, wir wollen Briefe an alle Leute schicken, deren Namen in einer Datei **name1** gespeichert sind und auch an alle Leute, deren Namen in einer Datei **name2** gespeichert sind. Dabei wollen wir sicher gehen, daß nicht zwei Briefe an dieselbe Person geschickt werden. Die gewünschte Liste kann erzeugt werden, indem man **name1** und **name2** miteinander kombiniert, die ganze kombinierte Datei sortiert und dann doppelte Zeilen daraus entfernt. Folgende Kommandos werden dazu benötigt:

cat: Verkettet zwei oder mehr Dateien.
sort: Sortiert den Inhalt einer Datei.
uniq: Entfernt doppelte Zeilen, die aufeinander folgen, so daß von zweien nur eine übrigbleibt.

Lassen Sie uns nun diese Kommandos mit Pipelines kombinieren:

cat name1 name2 | sort | uniq

Dieses Pipeline-Konzept ist ein charakteristisches Merkmal der Shell und somit von UNIX.

Beispiel zur Verarbeitung von Pipelines (Kombination zweier Namenlisten)

Anzeige der Datei „name1" → `$ cat name1`

```
$ cat name1
Newton
Einstein
Neumann
Gauss
Euler
```

Namen in Datei „name1"

Anzeige der Datei „name2" → `$ cat name2`

```
$ cat name2
Einstein
Napoleon
Taylor
Gutenberg
Franklin
Gauss
Darwin
```

Namen in Datei „name2"

Das ist eine Pipeline

Anzeige des Ergebnisses der miteinander kombinierten und dann sortierten Dateien „name1" und „name2"

```
$ cat name1 name2 | sort
Darwin
Einstein
Einstein
Euler
Franklin
Gauss
Gauss
Gutenberg
Napoleon
Neumann
Newton
Taylor
```

Ergebnis des Sortierens

Vergleichen Sie diese beiden Namen

Pipelines

Anzeige des Ergebnisses, nachdem auf das vorhergehende Sortierergebnis das Kommando **uniq** angewandt wurde

```
$ cat name1 name2 | sort |uniq
Darwin
Einstein
Euler
Franklin
Gauss
Gutenberg
Napoleon
Neumann
Newton
Taylor
```

Zwei aufeinander folgende identische Zeilen wurden auf eine Zeile reduziert

Beispiel 2:

Dieses Programm sucht aus der angegebenen Datei alle Wörter heraus, die nur aus Buchstaben bestehen, vergleicht sie mit dem UNIX-Wörterbuch (diese Datei heißt **/usr/dict/words**) und zeigt die Wörter an, die in der Datei, nicht jedoch im Wörterbuch stehen:

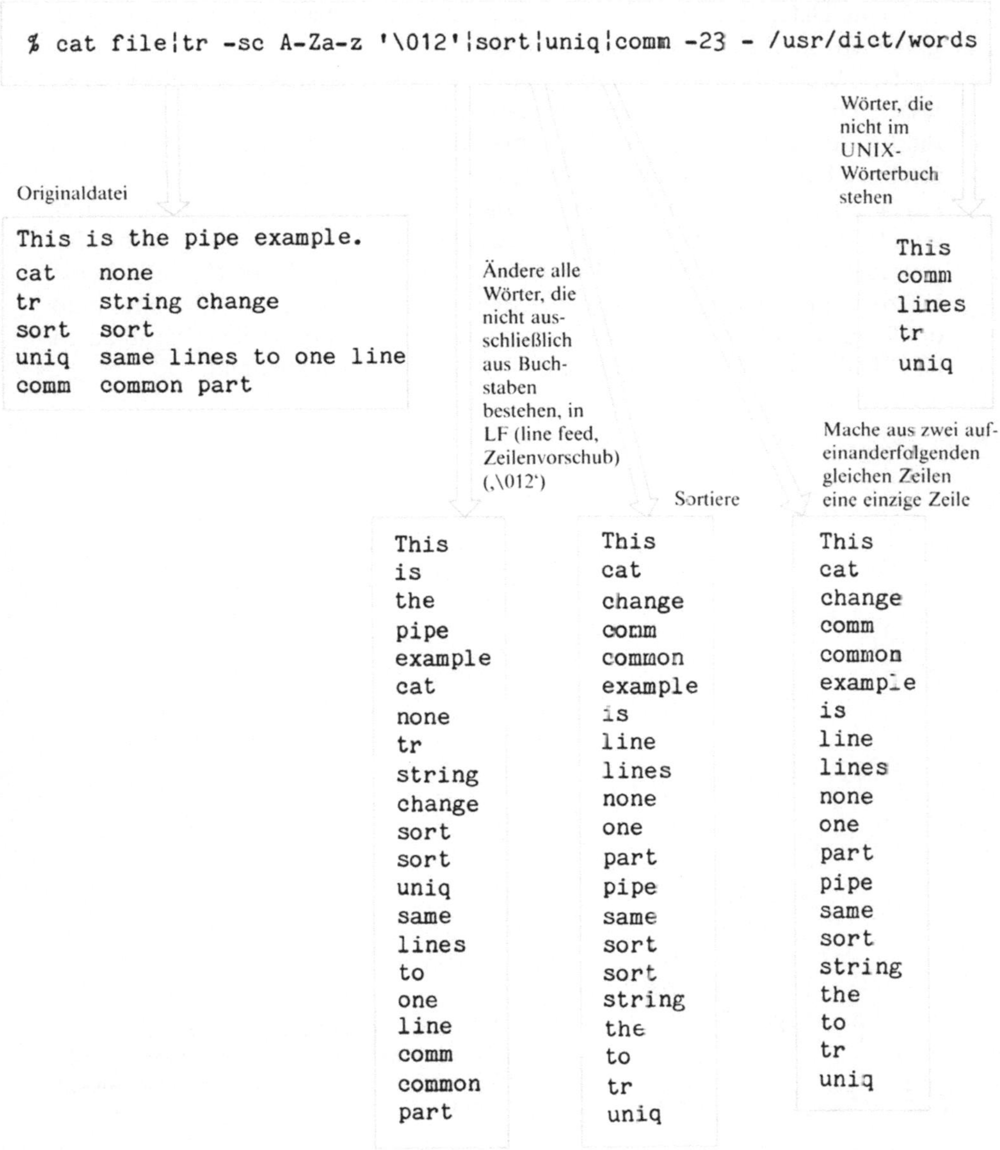

```
% cat file|tr -sc A-Za-z '\012'|sort|uniq|comm -23 - /usr/dict/words
```

Originaldatei

```
This is the pipe example.
cat   none
tr    string change
sort  sort
uniq  same lines to one line
comm  common part
```

Ändere alle Wörter, die nicht ausschließlich aus Buchstaben bestehen, in LF (line feed, Zeilenvorschub) (‚\012')

```
This
is
the
pipe
example
cat
none
tr
string
change
sort
sort
uniq
same
lines
to
one
line
comm
common
part
```

Sortiere

```
This
cat
change
comm
common
example
is
line
lines
none
one
part
pipe
same
sort
sort
string
the
to
tr
uniq
```

Mache aus zwei aufeinanderfolgenden gleichen Zeilen eine einzige Zeile

```
This
cat
change
comm
common
example
is
line
lines
none
one
part
pipe
same
sort
string
the
to
tr
uniq
```

Wörter, die nicht im UNIX-Wörterbuch stehen

```
This
comm
lines
tr
uniq
```

Hintergrund-Jobs

Es kann vorkommen, daß ein Operator ungeduldig wird, wenn er auf die Beendigung der Ausführung eines Kommandos wartet, das eine lange Verarbeitungszeit benötigt, wie z. B. die Übersetzung eines Programmes. Wenn ein Benutzer mehrere Programme laufen lassen muß, ist es günstig, wenn die Programme, die eine lange Verarbeitungszeit benötigen, irgendwo „außer Sicht" gehalten werden können, während der Benutzer gleichzeitig andere Programme laufen läßt und z. B. eine Datei bearbeitet. Eine solche parallele Verarbeitung von „Jobs" (Programmen) spart Zeit und beschleunigt die Arbeit.

UNIX erlaubt einem Benutzer, mehrere Jobs zur gleichen Zeit ablaufen zu lassen. Dies wird als **Mehrprogrammbetrieb** bezeichnet. Diejenigen Programme, die für den Benutzer „unsichtbar" ablaufen, werden als **Hintergrund-Jobs** bezeichnet. UNIX erlaubt es, eine Reihe von Hintergrund-Jobs auf einmal ablaufen zu lassen. Diese Fähigkeit zum Mehrprogrammbetrieb, die einem Benutzer erlaubt, mehrere Programme gleichzeitig ablaufen zu lassen, ist eine wichtige Eigenschaft von UNIX. Solche Time-sharing-Verarbeitung (oder TSS) erhöht die Effizienz eines dialog-orientierten Betriebssystems beträchtlich. Allerdings muß der Benutzer dafür sorgen, daß er nicht zu viele Programme gleichzeitig ablaufen läßt, da die Verarbeitungsgeschwindigkeit dann deutlich abnimmt.

UNIX ist ein hervorragendes Betriebssystem, das von den AT&T Bell Laboratories entwickelt und im Laufe der Jahre weiterentwickelt wurde

Eine Fülle von Software

Die Software-Umgebung von UNIX

Für den Benutzer eines Betriebssystems ist es immer interessant zu wissen, welche Art von Programmen für dieses Betriebssystem verfügbar sind. Wir haben schon gesehen, daß UNIX eine Fülle von Software bietet. Beispiele dafür sind die Computersprache, Hilfsmittel zur Software-Entwicklung, Dienstprogramme und Anwendungsprogramme.

Da der Quell-Code von UNIX selbst, der in C geschrieben ist, Lizenznehmern zur Verfügung gestellt worden ist, haben viele Benutzer dem System neue Fähigkeiten hinzugefügt. Dies ist ein Grund für die große Menge der UNIX-Programme. UNIX wird inzwischen von vielen Benutzern in der ganzen Welt benutzt. Dazu gehören viele Benutzer in Universitäten, in Behörden und in privaten Firmen, besonders in Softwarefirmen. So wie die Zahl der Benutzer zunimmt, entsteht immer mehr Software, die von ihnen entwickelt wird, wodurch UNIX noch nützlicher wird, was wiederum zur Folge hat, das die Zahl der Benutzer weiter wächst. Dieser sich selbst verstärkende Zyklus hat sowohl zu einer weiten Verbreitung von UNIX geführt als auch zu einer Fülle von Software für dieses System.

Das einfache Betriebssystem CP/M ist zum Standard für 8-Bit-Mikrocomputer geworden, und die meisten Programme für diese Computer laufen mit diesem Betriebssystem. Im Bereich der 16-Bit-Mikrocomputer hingegen sieht es so aus, als würde UNIX zum Standard-Betriebssystem werden. Wenn viele Computer das gleiche Betriebssystem verwenden, so hat dies für die Benutzer den großen Vorteil, daß sie mit vielen Computern umgehen können, wenn sie nur dieses eine Betriebssystem beherrschen. Ein anderer Vorteil besteht darin, daß der Benutzer dann wahrscheinlich viele Kollegen hat, die das gleiche Betriebssystem benutzen.

UNIX unterscheidet sich noch in einem anderen wichtigen Punkt von anderen Betriebssystemen. Gemeint ist die Überlegenheit von UNIX als Software-Entwicklungssystem. Software-Entwickler schätzen UNIX, da es eine günstige Umgebung für die Entwicklung von Programmen bietet.

Selbst die ursprüngliche Entwicklung von UNIX in den Bell Telephone Laboratories geschah mit Hilfe von UNIX. Verbesserungen und Weiterentwicklung von UNIX erfolgten mit UNIX. Wenn ein System zur System-Entwicklung benutzt wird, muß es anders benutzt werden als dies normalerweise der

UNIX hat viele Programme!

Fall ist, und oft werden dabei die Grenzen des Computersystems erreicht. Deshalb spricht die Tatsache, daß UNIX erfolgreich für seine eigene Entwicklung benutzt wurde, dafür, daß es ein hoch entwickeltes, leicht zu benutzendes Betriebssystem ist.

Deshalb bauen viele Software-Firmen, deren Existenz davon abhängt, daß sie neue Anwendungs- und Dienstprogramme erstellen und verkaufen, auf UNIX. Dies wirkt sich für alle UNIX-Benutzer günstig aus, da professionelle Software-Entwickler normalerweise viel mehr neue Software erstellen als andere Benutzer.

Im folgenden wollen wir uns einmal etwas genauer ansehen, welche Art von Kommandos es in UNIX gibt. Da es hier sehr viel zu beschreiben gäbe, wollen wir uns auf eine Besprechung der wichtigsten und allgemein anwendbaren Programme beschränken. Die meisten der hier angegebenen Programme können als Kommandos ausgeführt werden; um ein Programm auszuführen, braucht man also nur den Namen der Datei anzugeben, in der dieses Programm gespeichert ist.

Steuerung des Benutzerzugriffs

LOGIN (Anmelden)

Immer wenn sich ein Benutzer an ein Terminal setzt und den Computer benutzen will, muß er zunächst dieses Programm laufen lassen, das seinen Einstieg in die Computer-Benutzung überwacht. Der Benutzer gibt seinen **Login-Namen** über die Tastatur ein. Als erstes überprüft der Computer nun, ob dieser Name in dieser speziellen Datei existiert, mit anderen Worten, ob der Benutzer berechtigt ist, den Computer zu benutzen. Wenn nicht, kann er ihn nicht benutzen. Um zu verhinden, daß sich jemand mit einem anderen als dem eigenen Namen anmeldet und somit auf unbefugte Weise Zugang zum Computer erhält, kann jeder Benutzer ein geheimes **Passwort** haben. Das Passwort wird während der Eingabe nicht auf dem Bildschirm angezeigt, um zu verhindern, daß unbefugte Personen es sehen können.

Sofern elektronische Post für den Benutzer eingetroffen ist, wird anschließend die Meldung ausgegeben, daß Post da ist. Mit einem mail-Kommando kann der Benutzer frei entscheiden, ob er die Post lesen will oder nicht und ob er sie löschen oder im Speicher belassen will.

Als nächstes gibt das UNIX-System verschiedene Meldungen aus. Zum Beispiel könnte es je nach Tageszeit „Guten Morgen!“ oder „Guten Tag!“ sagen und dann fragen „Wie geht es Ihnen?“ oder „Haben Sie zu Mittag gegessen?“. Vielleicht lassen solche Meldungen das UNIX-System für einige Benutzer freundlicher erscheinen.

Zur gleichen Zeit wie **login** wird eine andere Datei mit dem Namen **„.profile“** automatisch ausgeführt. Diese Datei ist vom Benutzer eingerichtet. Eine der Aufgaben von **login** besteht darin, diese Datei auszuführen. Mit der Ausführung von **„.profile“** wird die entsprechende Umgebung für den jeweiligen Benutzer eingestellt. Möchte ein Benutzer z. B. immer gleich nach der Anzeige des Datums mit der Ausführung des Textprogrammes beginnen, so würde ein entsprechendes Kommando in **„.profile“** eingefügt. Jedesmal, wenn sich dieser Benutzer anmeldet, würde dann sofort das Textprogramm gestartet.

Mit anderen Worten: **„• profile“** wird eine Eingabedatei für gewisse Eingaben, die sonst über die Tastatur eingegeben werden müßten. Damit wird für jeden Benutzer eine passende persönliche Arbeitsumgebung geschaffen, sobald er sich angemeldet hat. Wenn es sich bei dem Benutzer um einen Anfänger handelt, kann der System-Supervisor eine passende Umgebung für Anfänger einrichten. Ein unerfahrener Benutzer wird nicht dazu gezwungen, von Anfang an Shell-Kommandos zu benutzen. Stattdessen kann eine Menü-Auswahl der Kommandos benutzt werden, um für den Anfang eine leicht zu benutzende Shell zu bieten. Da viele Anfänger auch verschwenderisch mit der CPU-Zeit umgehen, werden die Möglichkeiten der Shell auch oft begrenzt.

Benutzt jemand UNIX nur dazu, um Daten einzugeben, so kann dazu eine entsprechende Umgebung eingerichtet werden, die sofort nach dem Anmelden zur Verfügung steht. Der System-Supervisor kann also die Betriebssystem-Um-

Wie ein „Login“-Vorgang aussieht

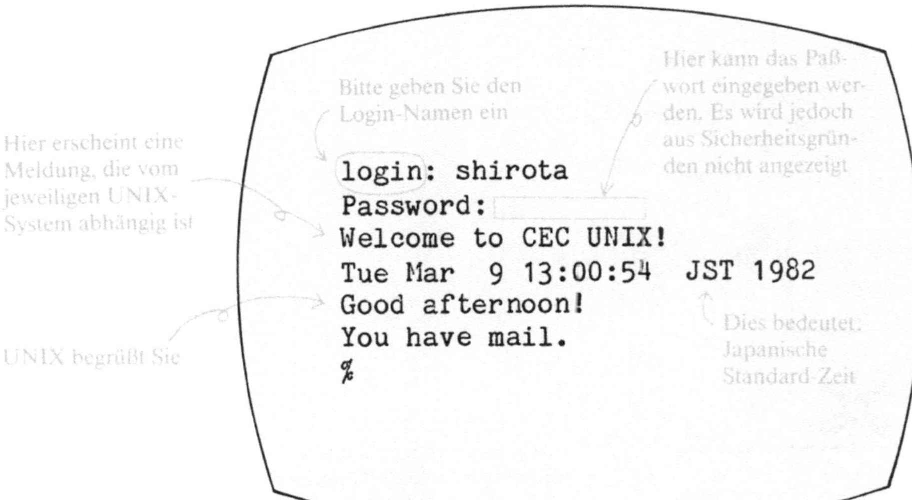

gebung für einen unerfahrenen Benutzer entsprechend vereinfachen. Dies ermöglicht es Anfängern, schnelle Fortschritte zu erzielen, ohne durch die Komplexität des gesamten Systems verwirrt zu werden.

Nachdem „**.profile**“ ausgeführt ist, werden die Shell-Kommandos des Benutzers ausgeführt.

Eine weitere Funktion von **login** ist es, einen Benutzer mit seinem eigenen aktuellen Verzeichnis zu verbinden, was während des Anmeldens erfolgen muß. Zusammengefaßt hat **login** die folgenden Grund-Funktionen:

- Eingabe und Überprüfung des Benutzernamens und Passwortes
- Aktualisierng der Buchführungs-Dateien
- Einrichten des Arbeits-Verzeichnisses
- Anzeige des Inhaltes der Datei **/etc/motd** (message of today, Tagesmeldung) mit Informationen des „Super-Users“ (wie z. B. „Willkommen im CEC UNIX-System!“ etc.)
- Einrichten der Benutzergruppe
- Einrichten der Umgebung (z. B. **path, form** etc.)
- Aktivierung der Benutzer-Shell

PASSWD (password, Passwort)

Mit diesem Programm kann ein Passwort eingegeben oder verändert werden.

NEWGRP (new group, neue Gruppe)

Hiermit kann die Benutzergruppe gewechselt und - zur Sicherheit - das Gruppen-Passwort überprüft werden.

Für einen Anfänger kann eine eingeschränkte Umgebung geschaffen werden

Dateiverwaltung

UNIX enthält alle Programme, die man benötigt, um Dateien zu kombinieren, Dateien in zwei oder mehr Dateien aufzugliedern, Dateien auszugeben, Dateien zu kopieren usw. Es gibt Programme zur Druckerausgabe; einige dieser Programme geben die Datei nicht nur einfach aus, sondern fügen eine Überschrift und das Datum auf jeder Seite hinzu, führen eine Seitennumerierng durch, geben den Text in mehreren Spalten aus usw. Es gibt ein Programm, das **cmp** (compare, vergleichen) heißt, mit dem man zwei Dateien vergleichen kann, um festzustellen, ob sie gleich sind, ein Programm mit dem Namen **dd**, das Dateien von einem Gerät (z. B. Diskette oder Magnetband) auf ein anderes kopiert usw.

Weiterhin gibt es Programme, die speziell dafür entwickelt worden sind, die hierarchische Baumstruktur des UNIX-Systems zu verwalten. Beispiele hierfür sind: **mkdir** (make directory, Verzeichnis erstellen), womit neue Verzeichnisse erstellt weden,; **rmdir** (remove directory, Verzeichnis löschen), womit ein nicht mehr benötigtes Verzeichnis gelöscht weden kann; **rm** (remove, löschen), womit sowohl der Name einer Datei als auch ihr Inhalt gelöscht wird; **cd** (change directory, Verzeichnis wechseln), womit es möglich ist, zwischen den Verzeichnissen innerhalb der Baumstruktur zu wechseln usw.

LN (link, verbinden)

link heißt ein Programm, mit dem man eine Beziehung zwischen einer bestehenden Datei und einem Verzeichnis herstellen kann, wodurch die Datei als Nachfolger in dieses Verzeichnis eingetragen wird. Dieses Programm verbindet Dateien mit Verzeichnissen. Damit ist es möglich, daß ein Benutzer eine Datei als „Kind" in sein eigenes Verzeichnis einbindet, die von einem anderen Benutzer erstellt worden ist. Dieses Einbinden unterscheidet sich vom Kopieren dadurch, daß es weiterhin nur eine Datei gibt, die jetzt nur durch mehrere Namen angesprochen werden kann. Diese Fähigkeit erweist sich als vorteilhaft, wenn zwei Personen gemeinsam mit einer Datei arbeiten.

Dies ist vielleicht das meist genutzte Programm, wenn es darum geht, daß mehrere Leute eine Datei benutzen müssen, ohne etwas neues hineinzuschreiben. Da sich durch das Einbinden die Dateien vollständig nutzen lassen, ist es nicht mehr erforderlich, daß jeder Benutzer unbedingt seine eigene Kopie einer Datei hat.

CHMOD (change mode, Modus wechseln)

Für jede Datei gibt es drei Arten von **Zugriffsrechten**: Schreiben, Lesen und Ausführen, wobei jedes Zugriffsrecht für drei Benutzerklassen verwendet werden kann: den Besitzer, die Benutzergruppe und sonstige Benutzer.

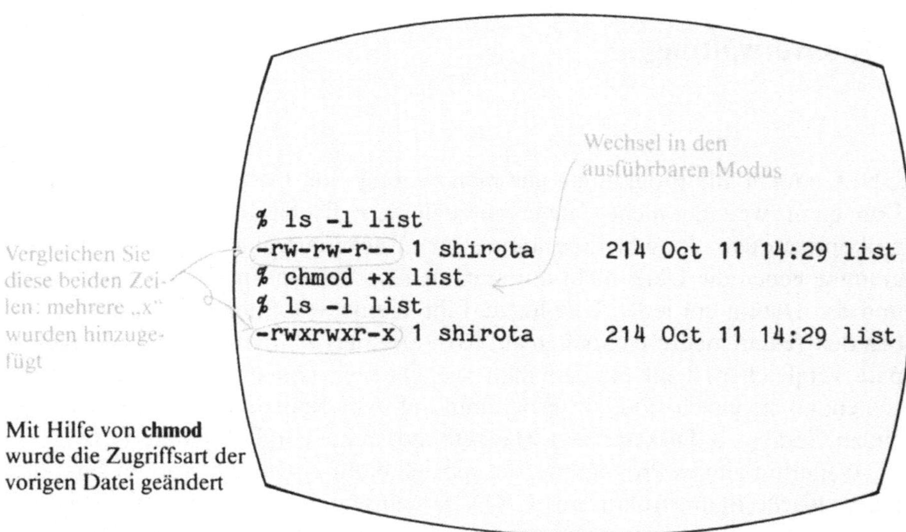

chmod ist ein Programm, mit dem das Zugriffsrecht geändert werden kann. Es kann nur vom Besitzer der Datei und vom „Super-user" benutzt werden.

chmod kann sowohl für Verzeichnisse als auch für Dateien benutzt werden.

FIND (find, suchen)

Dieses Programm sucht in der UNIX-Baumstruktur nach einer Datei, die eine bestimmte Bedingung erfüllt, und führt dann die angegebenen Verarbeitungen mit dieser Datei durch.

Da es oft vorkommt, daß der System-Supervisor sich z. B. alle Dateien anzeigen läßt, die an einem bestimmten Tag erstellt worden sind, ist **find** ein wertvolles Programm. Es ist damit sogar möglich, alle Dateien aufzulisten, deren Namen einem bestimmten Muster entsprechen.

Es gibt viele Arten von Bedingungen, die man benutzen kann, um die zu suchende Datei zu beschreiben, wobei es auch möglich ist, diese Bedingungen miteinander zu kombinieren. Einige Beispiele:

- Dateiname (Es reicht aus, nur ein Muster statt des ganzen Dateinamens anzugeben.)
- Ob die gesuchte Datei eine normale Datei oder ein Verzeichnis ist
- Mit wievielen Stellen die Datei verbunden ist
- Benutzername/Gruppenname
- Dateigröße
- Anzahl der Tage seit dem letzten Dateizugriff
- Anzahl der Tage seit der letzten Dateiänderung
- Eine Datei, die nach einer angegebenen anderen Datei geändert wurde

Ausführung von Programmen

SH (shell)

Dies ist das Systemprogramm zur Verarbeitung der Kommandosprache. Es interpretiert die über ein Terminal eingegebenen Kommandos und die vom **Benutzer** definierte Shell-Prozedur und führt sie dann aus. Eine Shell-Prozedur führt ebenso komplizierte Verarbeitungen durch wie ein normales Programm, erfordert jedoch nur einen Bruchteil des Aufwandes von Seiten des Benutzers. Da eine Shell-Prozedur **if**-Kommandos enthalten kann, kann der Ablauf eines Programmes gesteuert werden, je nachdem ob z. B. eine bestimmte Datei existiert oder nicht, oder in Abhängigkeit vom Ergebnis eines Vergleichs von Zeichenketten. Es kann z. B. entschieden werden, ob eine Compilierung korrekt durchgeführt worden ist und, wenn dies der Fall ist, das Programm auszuführen, wenn es aber nicht der Fall ist, eine Fehlermeldung auszugeben.

case ist eine Konstruktion zur Steuerung des Programmablaufes, mit der - in Abhängigkeit vom Wert einer bestimmten Variablen - verschiedene Verarbeitungen bewirkt werden können.

In Shell-Prozeduren können auch solche Kontrollstrukturen benutzt werden wie **while**, womit ein bestimmter Verarbeitungsvorgang solange durchgeführt wird, bis eine bestimmte Bedingung erfüllt ist, sowie **until** und **for** für die Programmierung von Schleifen, die ebenfalls die wiederholte Durchführung von Verarbeitungen bewirken.

EXPR (expression, Ausdruck)

Dieses Program wertet Argumente als Ausdruck aus. Solch ein Ausdruck kann Kombinationen von arithmetischen und Vergleichs-Operatoren enthalten.

AT (at, um)

Da UNIX eine interne Uhr hat, kann eine beliebige Zeit angegeben und ein Programm zu dieser Zeit ausgeführt werden. Für **at** gibt es viele interessante vorstellbare Anwendungen. Z. B. könnte ein Programmierer, der über Nacht an seinem Arbeitsplatz bleibt, um in der Nacht zu arbeiten, eine Nachricht hinterlassen, daß er zu einer bestimmten Zeit geweckt weden möchte. Diese Nachricht wird dann automatisch auf dem Bildschirm angezeigt, so daß jemand anders sie sehen und den Programmierer wecken kann. Der Computer kann auch einige Minuten bevor er tatsächlich ausgeschaltet wird, alle Benutzer darüber informieren, daß er gleich ausgeschaltet wird.

Statusberichte

Es gibt eine Reihe von Programmen, die den Benutzer über den augenblicklichen Zustand von UNIX informieren. So können z. B. die Namen aller „Kind"-Dateien eines bestimmten Verzeichnisses mit dem Status jeder einzelnen Datei (Größe, Besitzername, letztes Änderungsdatum, letztes Zugriffsdatum, Zugriffsrecht usw.) angezeigt werden. Es gibt auch ein Programm, das den Benutzer darüber informieren kann, wer den Computer zur Zeit benutzt und welche Programe ablaufen.

Ein Benutzer kann sich z. B. auch danach erkundigen, wer er ist (Log-in-Name), welches das aktuelle Datum ist, an welcher Stelle in der Baumstruktur sich das aktuelle Verzeichnis befindet usw.

„ls" Kommando

Mit dem **ls** Kommando werden alle „Kinder"-Dateien des angegebenenVerzeichnisses aufgelistet

```
% ls -1
total 4
-rw-r--r-- 1 shirota   113 Oct  7 18:43 READ_ME
-rw-r--r-- 1 shirota    73 Oct  3 11:46 fact.1
-rw-r--r-- 1 shirota   118 Oct  7 18:52 loop.1
-rw-r--r-- 1 shirota    92 Oct  3 12:28 vvi.1
%
```

„date" Kommando

Mit dem **date** Kommando wird das aktuelle Datum und die Zeit angezeigt

```
% date
Tue Oct 11 15:01:47 JST 1983
%
```

„who am i" Kommando

Mit diesem Kommando können Sie Ihren Login-Namen erfragen

```
% who am i      Wie ist mein Login-Name
shirota         (ich habe ihn vergessen)?
%
```

„who“ Kommando

Die Namen aller Benutzer, die zur Zeit am Computer arbeiten, werden aufgelistet

Wer benutzt den Computer jetzt?

```
% who
kana     console   Jan 3 14:38
izw      ttyb0     Jan 3 14:37
inaba    ttyb1     Jan 3 11:48
tomo     ttyb3     Jan 3 14:10
%
```

Benutzer-name | Terminal-name | Login-Zeit

„pwd“ Kommando

```
% pwd
/usr/usr1/shirota
%
```

Mit diesem Kommando fragen Sie den Computer, in welchem Verzeichnis Sie sind. Die Antwort hier im Beispiel besagt, daß Sie im Verzeichnis „shirota“ sind, einem Nachfolger des Verzeichnisses „usr1“, das wiederum ein Nachfolger des Verzeichnisses „usr“ ist, das sich unterhalb der Wurzel befindet. Der erste „/“ bezeichnet die Wurzel; die folgenden „/“ bezeichnen Unterverzeichnisse

„ps“ Kommando

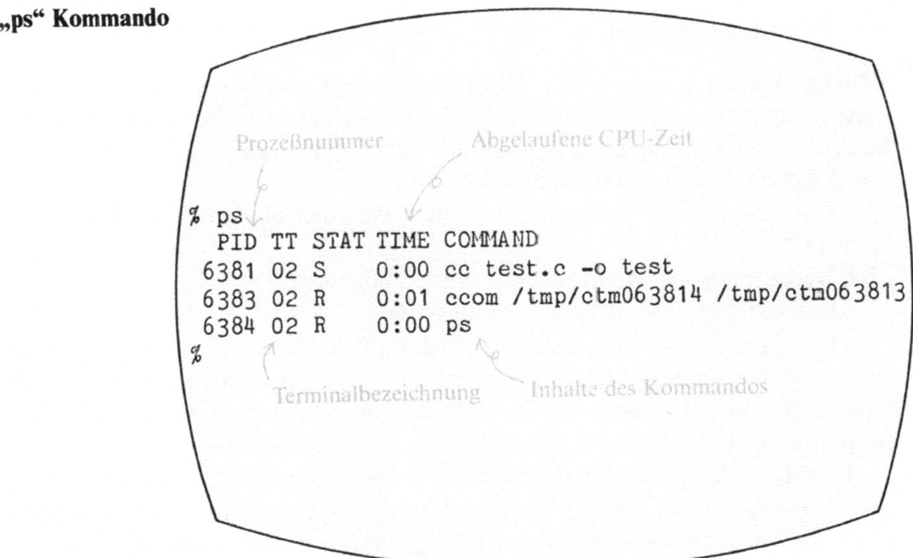

Mit dem **ps** Kommando fragen Sie den Computer, welche Prozesse zur Zeit ablaufen

AC und SA (accounting und shell accounting)

ac ist ein Programm, das statistische Informationen über die Computerbenutzer und die Rechenzeit bietet. **sa** ist ein Programm, das statistische Informationen über die benutzten Kommandos und ihre Häufigkeit bietet. Diese Meldungen können einen guten Gesamtüberblick über die Nutzung des Computers vermitteln. Diese Programme werden hauptsächlich vom System-Supervisor benutzt.

Kommunikation

MAIL (mail, Post)

Dieses Programm führt die Funktionen der elektronischen Post von UNIX aus. Eine Nachricht oder ein Brief wird über ein Terminal oder eine Datei eingegeben und kann zu mehreren Leuten gleichzeitig geschickt werden. Jedesmal wenn sich ein Benutzer anmeldet, wird er darüber informiert, ob Post für ihn angekommen ist. Briefe können entweder in Dateien gespeichert oder gelöscht werden.

Die Mail-Funktion ist nicht nur nützlich, um Briefe an andere Leute zu schikken, sondern auch dazu, sich selbst Notizen zu machen. Z. B. könnten die Änderungen, die in einer bestimmten Datei an einem bestimmten Tag gemacht worden sind, als Brief gespeichert werden, so daß diese Information sofort verfügbar wäre, wenn der Benutzer seine Arbeit am nächsten Tag fortsetzt.

WRITE (write, schreiben)

Benutzer können sich von ihren Terminals aus per Computer miteinander unterhalten. Um jemandem eine lange Mitteilung zu schicken, sollte man schon ziemlich gut tippen können, kurze Mitteilungen kann jedoch jeder leicht verschicken. Hier sind einige Beispiel für solche Mitteilungen:

„Die Besprechung soll gleich beginnen, kommen Sie bitte zum Konferenzzimmer."
„Ich werde mich verspäten, gehen Sie bitte ohne mich."
„Es ist Mittag. Lassen Sie uns essen gehen."

Der System-Supervisor kann ein Programm namens **wall** (write all, an alle schreiben) benutzen, um allen Benutzern die gleiche Meldung zu schicken; z. B. kann er darauf hinweisen, daß der Computer wegen Wartungsarbeiten für eine bestimmte Zeit nicht benutzt werden kann.

Es kann jedoch manchmal vorkommen, daß jemand, an den eine Nachricht geschickt worden ist, beschäftigt ist und an der Unterhaltung nicht teilnehmen kann. In einem solchen Fall ist ein Dialog zwischen den beiden Personen unmöglich. Es gibt auch ein Programm, mit dem ein Benutzer verhindern kann, daß er Nachrichten erhält.

CALENDAR (calendar, Kalender)

Dieses Programm informiert einen Benutzer über seine Termine, sofern diese vorher eingegeben worden sind. Für Leute, die sehr viel mit dem Computer arbeiten, ist dies manchmal günstiger als ein Kalender auf Papier.

uucp erlaubt das Kopieren von Dateien zwischen UNIX-Systemen

Mit dem **cal** Kommando kann man sich den Kalender eines beliebigen Jahres anzeigen lassen

```
                                  1985

          Jan                           Feb                           Mar
 S  M Tu  W Th  F  S           S  M Tu  W Th  F  S           S  M Tu  W Th  F  S
       1  2  3  4  5                          1  2                          1  2
 6  7  8  9 10 11 12           3  4  5  6  7  8  9           3  4  5  6  7  8  9
13 14 15 16 17 18 19          10 11 12 13 14 15 16          10 11 12 13 14 15 16
20 21 22 23 24 25 26          17 18 19 20 21 22 23          17 18 19 20 21 22 23
27 28 29 30 31                24 25 26 27 28                24 25 26 27 28 29 30
                                                            31
          Apr                           May                           Jun
 S  M Tu  W Th  F  S           S  M Tu  W Th  F  S           S  M Tu  W Th  F  S
    1  2  3  4  5  6                    1  2  3  4                             1
 7  8  9 10 11 12 13           5  6  7  8  9 10 11           2  3  4  5  6  7  8
14 15 16 17 18 19 20          12 13 14 15 16 17 18           9 10 11 12 13 14 15
21 22 23 24 25 26 27          19 20 21 22 23 24 25          16 17 18 19 20 21 22
28 29 30                      26 27 28 29 30 31             23 24 25 26 27 28 29
                                                            30
          Jul                           Aug                           Sep
 S  M Tu  W Th  F  S           S  M Tu  W Th  F  S           S  M Tu  W Th  F  S
    1  2  3  4  5  6                       1  2  3           1  2  3  4  5  6  7
 7  8  9 10 11 12 13           4  5  6  7  8  9 10           8  9 10 11 12 13 14
14 15 16 17 18 19 20          11 12 13 14 15 16 17          15 16 17 18 19 20 21
21 22 23 24 25 26 27          18 19 20 21 22 23 24          22 23 24 25 26 27 28
28 29 30 31                   25 26 27 28 29 30 31          29 30

          Oct                           Nov                           Dec
 S  M Tu  W Th  F  S           S  M Tu  W Th  F  S           S  M Tu  W Th  F  S
       1  2  3  4  5                          1  2           1  2  3  4  5  6  7
 6  7  8  9 10 11 12           3  4  5  6  7  8  9           8  9 10 11 12 13 14
13 14 15 16 17 18 19          10 11 12 13 14 15 16          15 16 17 18 19 20 21
20 21 22 23 24 25 26          17 18 19 20 21 22 23          22 23 24 25 26 27 28
27 28 29 30 31                24 25 26 27 28 29 30          29 30 31
```

UUCP (UNIX to UNIX file copy, Dateien zwischen UNIX-Systemen kopieren)

Zwischen zwei UNIX-Systemen, die auf verschiedenen Computern laufen, können Dateien ausgetauscht werden. Ein Benutzer kann eine Datei von einem anderen Computer kopieren oder seine Dateien auf dem anderen System ausdrucken lassen. Dies gestattet eine effektive Nutzung der Hardware- und Software-Ressourcen. Zwischen den beiden UNIX-Systemen wird eine Telefonverbindung hergestellt, und die Kommunikation erfolgt dann über die Telefonleitung. Das Anrufen erfolgt automatisch von einem Gerät, das man als „automatischen Anrufer" bezeichnen kann. Selbstverständlich kann auch eine eventuell vorhandene direkte Kommunikationsleitung benutzt werden. Da die Kommunikation zwischen zwei UNIX-Systemen stattfindet, können nicht nur Dateien übertragen, sondern per Fernsteuerung auch Kommandos auf dem anderen System ausgeführt werden. Dies geschieht mit **uux** (UNIX to UNIX command execution, Kommandoausführung zwischen UNIX-Systemen).

Dies erweitert den Bereich von Dateien und Datenbanken, die ein System benutzen kann. Neben der Übertragung von Dateien und der ferngesteuerten Ausführung von Kommandos kann auch Post zwischen den Systemen ausgetauscht werden, womit sich die Gruppe der Benutzer erweitert, zwischen denen elektronische Post ausgetauscht werden kann.

cu (call UNIX) erlaubt einem entfernt stehenden Terminal, sich in die Kommunikation zwischen UNIX-Systemen einzuschalten. Ein mit einem UNIX-System verbundenes Terminal kann ein Kommando an ein zweites UNIX-System eingeben oder die Ausgabe des anderen Systems erhalten. Mit anderen Worten: ein Benutzer kann ein entferntes System benutzen, als säße er an einem damit verbundenen Terminal. Dies wird als „Remote-Terminal"-Fähigkeit bezeichnet. Das erste UNIX-System, mit dem das Terminal primär verbunden ist, muß eventuell nicht mehr tun, als das Senden und Empfangen der Ein- und Ausgaben zum oder vom zweiten System zu überwachen.

Computersprachen

C

C ist eine höhere Pogrammiersprache, die eine strukturierte Programmierung gestattet. Nahezu die gesamte UNIX-Software ist in C geschrieben. Programmierer, die UNIX verbessern wollen, müssen C lernen, damit sie den Quellcode lesen und die gewünschten Änderungen vornehmen können. Um UNIX zu benutzen, reicht es allgemein aus, nur C zu kennen.

Zu den C-Programmierwerkzeugen unter UNIX gehört **cc** (C-Compiler), **lint** (ein Überprüfungsprogramm für C-Programme), **cb** (ein Formatierprogramm für C) und **sdb** (ein Symbol-Debugger-(= Korrektur)programm.

LINT

Ein charakteristisches Merkmal der Sprache C besteht darin, daß Programme in kleinen Modulen entwickelt werden können, die später zusammengesetzt werden. Da die Module separat compiliert werden, kommt es gelegentlich vor, daß sie nicht richtig zusammenpassen.

lint ist ein Programm zur Überprüfung von C-Programmen; es überprüft hauptsächlich, wie gut die verschiedenen Module zusammenpassen. **cc** sucht ebenfalls nach Fehlern, doch sind die von **lint** durchgeführten Überprüfungen strenger und genauer, so daß es eine gute Idee ist, **lint** immer dann zu benutzen, wenn es schwierig ist, die Ursache eines Fehlers auszumachen.

CB (C beautifier, C-Formatierprogramm)

cb formatiert ein Programm und macht es dadurch leicht lesbar. Dadurch sieht das Programm nicht nur besser aus, sondern es wird auch die Fehlersuche erleichtert.

FORTRAN

Zu den verfügbaren FORTRAN-Compilern gehört der **f77** Compiler, der den ANSI-Anforderungen (American National Standards Institute) entspricht, sowie der Compiler **ratfor**, der eine strukturierte Programmierng in FORTRAN erlaubt.

BASIC

Es gibt einen **bas** genannten Interpreter, der BASIC-ähnlich ist. Im Vergleich zum normalen BASIC ist er erweitert und erlaubt die Definition von **rekursiven** Funktionen.

DC und BC

Bei beiden Programmen handelt es sich um dialog-orientierte Kalkulationssprachen, die es gestatten, den Computer wie einen Tischcomputer zu benutzen. Die Rechengenauigkeit kann auf eine beliebige Stellenzahl eingestellt werden, und die Ein-/Ausgaben können sowohl in dezimaler, binärer, oktaler oder hexadezimaler Form erfolgen. **bc** ist von den Fähigkeiten her eine höhere Version von **dc**; immer wenn ein Programm in **bc** ausgeführt wird, wird **dc** aufgerufen.

M4

Dies ist ein globaler Makroprozessor. Seine Hauptfunktion ist das Ersetzen von Zeichenketten, ähnlich dem C-Kommando „define“ und dem „define“ von RATFOR.

YACC und LEX

Dies sind Systeme, mit denen Compiler erstellt werden können. Diese werden von einem normalen Programmierer nicht benötigt, Software-Entwickler jedoch sind für diese Compiler-Compiler dankbar. Man muß nur die Übertragungsregeln angeben, worauf das diesen Regeln entsprechende C-Programm automatisch erzeugt wird. **yacc** und **lex** gibt es bei anderen Betriebssystemen nicht, und ihr Vorhandensein ist einer der Hauptvorteile von UNIX als Software-Entwicklungssystem.

Werkzeuge zur Programmentwicklung

UNIX enthält verschiedene Arten von Bibliothekspaketen, Programme zu ihrer Wartung, Assembler und Debugger, Lader, Dump-Programme und andere Werkzeuge zur Programmentwicklung.

Basic Library Package (Bibliothek-Grundpaket)

Dies besteht aus einer Menge von Unterprogrammen und kann beim Erstellen von Software frei benutzt werden. Es enthält auch eine Bibliothek von mathematischen Funktionen einschließlich der trigonometrischen Funktionen, einem Zufallszahlengenerator, der Möglichkeit zur Zuordnung von Speicherbereichen, einem Standard-Ein-/Ausgabepaket usw.

PROF (profile, Laufzeitstatistiken)

Dieses Programm braucht man, wenn man wissen will, welcher Teil eines C-Programmes die meiste Rechenzeit benötigt. **prof** gibt an, wie oft jedes Unterprogramm aufgerufen wird und wieviel Rechenzeit es benötigt.

MAKE (make, machen)

Wenn mehrere Programme zu einem einzigen langen Programm verbunden werden, verliert man bei Änderungen in den verschiedenen Teilprogrammen manchmal den Überblick darüber, welches Programm neu compiliert worden ist.

Da außerdem jedes Programm in verschiedenen Versionen existieren kann, kann der Programmierer eventuell vergessen, welche Versionen in dem zusammengesetzten Programm benutzt werden sollen.

Beispiel für ein mit YACC geschriebenes Programm

```
/*  mkt_get.y --- parse routine 'mkt' command.
 *      History: Aug 25, 1983; Nobuhiro Ajitomi
 */
%{
#include <sccs.h>
#include <stdio.h>
#include <ctype.h>
#include "mkt_def.h"
#include "toddef.h"

SCCSID(@(#)mkt_get.y        3.10    8/31/83 12:38:30)
static char      user0[STRLNG + 1], mesg0[STRLNG + 1];
%}

%token NUM       NAME    STRING  WDAY

%%
tod_file:        /* null */
        |        tod_file tod_def;
tod_def :        sharp interval time day user mesg {
                         gen_code();
                         fprintf(outfile, ",\n");
                 } ;
sharp   :        /* null */ {
                         sharp = 0;
                 }
                 | ';' {
                         sharp = 1;
                 }
                 ;
interval:        /* null */ {
                         interval = ONEDAY;
                 }
                 | '(' NUM ')' {
                         interval = $2;
                 }
                 | '(' '-' NUM ')' {
                         interval = -$3;
                 }
                 ;
time    :        '*' {
                         clear_time();
```

Dies ist nur ein
Ausschnitt unseres
Beispielprogrammes

Beispiel für ein mit LEX[1] geschriebenes Programm

```
%{
/*----- insymbol part of PASCAL-S's compiler ----*/
int   i;
main(){
        while(yylex()>0) ;
}
%}
NONAL              [^a-z0-9]
%%
[ \t\n]*                                        ;
"(*"([^*]|"*"[^)])*"*)"                         ;
(
(and|array|begin|case)  |
(const|div|downto|do)   |
(else|end|for|function) |
(if|mod|not|of|or)      |
(procedure|program)     |
(record|repeat|then|to) |
(type|until|var|while)  )/{NONAL}
                             printf("%ssy\n",yytext);
[a-z][a-z0-9]*               printf("ident %s\n",yytext);
[0-9]+"."[0-9]*              printf("realcon %s\n",yytext);
[0-9]+                       printf("intcon %s\n",yytext);
":="                         printf("becomes\n");
"<="                         printf("leq\n");
"<>"                         printf("neq\n");
">="                         printf("geq\n");
".."                         printf(":\n");
"'"."'"\[^']                 printf("charcon %c\n",yytext[1]);
"''"\[^']                    printf("charcon NULL\n");
"'"([^']|"''")*"'"         { printf("string ");
                             yyleng--;
                             for(i=1;i<yyleng;i++) {
                                if (    yytext[i]  == '\''
                                     && (i+1) < yyleng
                                     && yytext[i+1]== '\''
                                ) i++ ;
                                printf("%c",yytext[i]) ;
                             }
                             printf("\n");
```

Dies ist nur ein Ausschnitt unseres Beispielprogramms

[1] Quelle: Niklaus Wirth. PASCAL-S: a subset and its implementation. Eidgenössische Technische Hochschule Zürich, Institut für Informatik.

Für den Programmierer selbst ist es schwierig, ein solches zusammengesetztes Programm zu entwickeln, das er selbst noch überblicken kann, und für eine andere Person ist es noch schwieriger, dieses Programm zu machen. Das Programm **make** hilft, solche Schwierigkeiten zu verringern.

Um **make** zu benutzen, muß eine Datei vorbereitet werden, in der die auszuführenden Operationen (z. B. Compilieren) angegeben sind. Nachdem ein allgemeiner Entwurf vorbereitet ist, wird die Arbeit detaillierter beschrieben. Diese Datei macht die Beziehungen zwischen den Dateien selbst für eine Person klar, die das Programm zum ersten Mal benutzt. Es ist so, als würde der Autor des Programmes detaillierte Anweisungen für andere Benutzer schreiben.

make sorgt dafür, daß das Compilieren genau nach den Anweisungen aus dieser Datei durchgeführt wird, ohne jedoch das ganze Programm unnötig neu zu compilieren, wenn nur ein Teilprogramm verändert worden ist. Wie schon erwähnt, vergleicht **make** z. B. das Datum und die Zeit der Erstellung von Quellprogramm und Objektprogramm, um festzustellen, welches neuer ist. Wenn das Objektprogramm neuer ist, kann es benutzt werden, wie es ist; wenn nicht, muß das Programm neu compiliert werden.

Erstellen von Dokumenten

ED

Dies ist ein dialog-orientierter Zeileneditor. Es ist das grundlegende Standardprogramm von UNIX zum Erstellen und Verändern von Dokumenten. Es gibt zwei Möglichkeiten, eine Zeile anzugeben: durch Angabe der Zeilennummer oder mittels einer Zeichenfolge, die in der betreffenden Zeile vorkommmt.

Um Arbeit beim Editieren zu ersparen, gibt es eine Reihe von Abkürzungen und Symbolen mit einer bestimmten Bedeutung.

Mit **ed** können Dateien aufgespalten werden, wieder neu kombiniert werden, und neue oder alte Teile können relativ einfach eingefügt werden.

Beim Editieren ist es möglich, die Shell zu aktivieren, um normale UNIX-Kommandos auszuführen. Außerdem besteht die Möglichkeit, den Inhalt einer Datei zu codieren, so daß andere Personen ihn nicht lesen können. Selbst der Super-User ist nicht in der Lage, den Inhalt einer so codierten Datei zu lesen. Diese Codierung erfolgt durch ein Programm namens **crypt**.

SPELL (Buchstabieren)

Dieses Programm vergleicht alle Wörter in einer Textdatei mit den 25 000 Eintragungen des UNIX-Wörterbuches und zeigt alle Wörter, die nicht im Wörterbuch enthalten sind, auf dem Bildschirm an. Auf diese Weise können Schreibfehler

entdeckt werden. Natürlich muß ein Wort, das nicht im Wörterbuch enthalten ist, nicht unbedingt falsch sein, und umgekehrt kann es vorkommen, daß ein Wort so falsch geschrieben wurde, daß sich ein anderes, gültiges Wort ergibt. Trotzdem erfaßt man auf diese Weise die meisten Rechtschreibfehler. Zur Zeit ist **spell** nur für die englische Sprache verfügbar.

TYPO

Dies ist ein weiteres Programm, mit dem typographische Fehler erfaßt werden können, das jedoch im Gegensatz zu **spell** kein Wörterbuch benutzt. Es entscheidet, daß eine bestimmte Schreibweise statistisch gesehen unwahrscheinlich ist und zeigt das betreffende Wort auf dem Bildschirm an.

Die Verwendung von **spell** und **typo** führt zu einer beträchtlichen Reduzierung von Rechtschreibfehlern.

Formatieren von Dokumenten

TROFF und NROFF

Diese Programme sorgen für den guten äußeren Eindruck von Dokumenten. Durch das Einfügen von **troff/nroff** Kommandos zwischen den Sätzen kann bestimmt werden, welche Schriftart für die Buchstaben benutzt werden soll, ob Zeilen rechtsbündig und/oder linksbündig ausgerichtet werden sollen, und das Einrücken, die Gestaltung der Titel und andere Merkmale eines wohlformatierten Textes können angegeben werden.

troff bereitet die Ausgabe für Fotosatzmaschinen vor, **nroff** für Drucker.

Eine unerfahrene Person täte gut daran, ein Standardpaket mit Formatierungskommandos zu benutzen, womit Dokumente leicht in einem Standardformat erstellt werden können. Beispiele für solche Standardpakete sind **ms, me** und **man**.

EQN (equation, Gleichung)

Dieses Programm dient zur Aufbereitung von mathematischen Gleichungen, in denen spezielle Zeichen und Symbole benutzt werden müssen. Die griechischen Buchstaben und andere Sonderzeichen werden für die endgültige Spezifizierung mit **troff** ausgegeben. Integrale, Matrizen etc. können ebenfalls leicht ausgedruckt werden. Indices und hochgestellte Zeichen werden automatisch verkleinert. Es gibt ein weiteres Programm namens **checkeq**, das **eqn** Kommandos überprüft.

TBL (table, Tabelle)

Dieses Programm wird zum Erstellen von Tabellen innerhalb eines Textes benutzt. Die Art der Tabelle kann angegeben und Umrandungen können gezeichnet werden. Vergleichbare Stellen von Zahlen können ausgerichtet werden, und Zahlen können rechts- oder linksbündg ausgegeben werden.

Die gemeinsame Anwendung der Programme **troff** oder **nroff**, **eqn** und **tbl** erleichtert die Formatierung selbst der kompliziertesten Dokumente.

REFER (reference, Referenz)

Dieses Programm findet aus einer bibliographischen Datenbank automatisch die bibliographischen Referenzen, die Schlüsselwörter enthalten. Dieses Programm wird sehr oft benutzt, um das Literaturverzeichnis am Ende eines Buches oder technischen Dokumentes zu erstellen. Die Datenbank mit den Referenzen muß allerdings für jedes System separat eingegeben werden.

Dateiverarbeitung

Es gibt viele Programme für die Verarbeitung von Dateien. Durch Kombination dieser Programme können selbst kompliziertere Operationen mit Dateien durchgeführt werden.

SORT

Dieses Programm bringt die Zeilen einer Datei in eine bestimmte Reihenfolge und gibt das Ergebnis aus. Normalerweise geschieht dies durch eine Sortierung nach dem ASCII-Code, der am weitesten verbreiteten Zeichendarstellung in einem Computer, in ansteigender Reihenfolge. Die Sortierung kann jedoch auch in absteigender Ordnung erfolgen. Auf Wunsch können auch andere Sortierfolgen durchgeführt werden. Das Sortieren ist eine der am häufigsten durchgeführten Operationen, die mit Dateien erfolgen.

UNIQ (unique)

Wenn zwei aufeinanderfolgende Zeilen identisch sind, löscht dieses Programm eine Zeile, so daß nur eine übrigbleibt. Dieses Programm wird oft in Verbindung mit **sort** benutzt.

TR (trans)

Dieses Programm wandelt alle angegebenen Zeichen in einer Datei um. Es ist manchmal möglich, Arbeit einzusparen, indem man ein bestimmtes Zeichen benutzt und es dann später in andere Zeichen umwandelt. Eine andere Möglichkeit ist es z. B., sämtliche Großbuchstaben in einer Datei in Kleinbuchstaben umzuwandeln.

Die Kommandos: „sort", „uniq", und „tr"

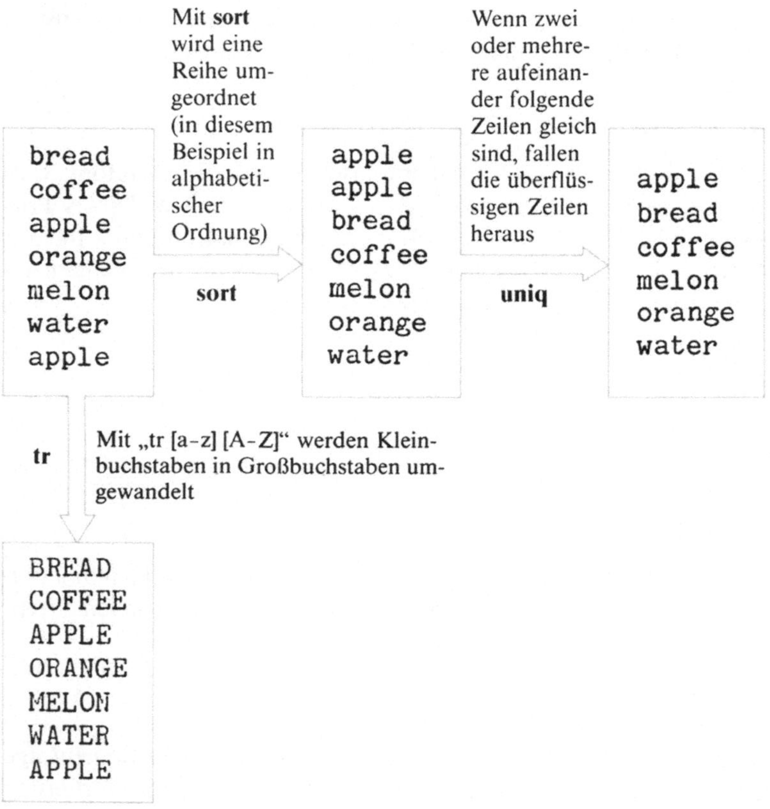

Allerdings erfolgt diese Umwandlung jeweils nur mit einem Buchstaben. Ganze Wörter können z. B. nicht umgewandelt werden.

DIFF (difference)

Dieses Programm überprüft die Unterschiede zwischen zwei Dateien. Wir haben bereits ein ähnliches Programm - **cmp** (compare, vergleiche) - besprochen, das nur anzeigt, ob zwei Dateien identisch sind oder nicht; **diff** zeigt die Unterschiede an.

Da diese Unterschiede im **"ed"**-Kommandoformat ausgedrückt werden können, kann außerdem eine der Dateien zusammen mit den Unterschieden dazu benutzt werden, die andere Datei wiederherzustellen, wenn nur diese Unterschiede gespeichert werden. Wir haben bereits eine Situation betrachtet, in der diese Möglichkeit sehr angenehm sein kann. Wenn z. B. verschiedene Änderungen in einer Datei gemacht werden, um mehrere verschiedene Versionen dieser Datei zu erzeugen, erfordert es im allgemeinen viel weniger Speicherplatz, wenn nur die Originaldatei sowie die Änderungen gespeichert werden, als wenn die vollständigen Dateien gespeichert würden.

„diff" Kommando

%cat food1

```
bread
coffee
apple
orange
melon
water
apple
```

Datei food1

%cat food2

```
bread
tea
apple
orange
melon
coffee
sugar
water
apple
```

Datei food2

%diff food1 food2 ← Was ist der Unterschied zwischen food1 und food2?

```
2c2
< coffee
---
> tea
5a6,7
> coffee
> sugar
```

In der zweiten Zeile enthält die eine Datei „coffee", die andere hingegen „tea"

In der Datei food2 steht „coffee" und „sugar" unter „melon"

%diff -e food1 food2 ← Wenn Sie die Option „-e" hinzufügen, erhalten Sie die folgende Datei

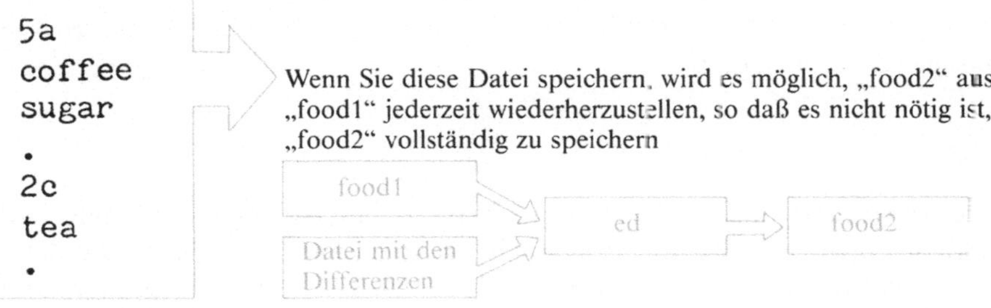

„comm" Kommando

Datei nach der Verarbeitung mit **sort** und **uniq**

Datei food1	Datei food2
apple	apple
bread	bread
coffee	coffee
melon	melon
orange	orange
water	sugar
	tea
	water

Ausgabe von **comm**

Nur erste Datei	Nur zweite Datei	Gemeinsame Elemente
		apple
		bread
		coffee
		melon
		orange
	sugar	
	tea	
		water

COMM (common)

Dieses Programm vergleicht zwei Dateien Zeile für Zeile und gibt jeweils die Zeilen aus, die nur in der einen Datei sind, die nur in der anderen Datei sind sowie Zeilen, die in beiden Dateien zugleich sind.

Eine mögliche Anwendung für dieses Programm besteht darin, eine Liste von Personen zu erstellen, die zu zwei verschiedenen Organisationen gehören. In einem solchen Fall müssen die Dateien mit Hilfe von **sort** in alphabetische Reihenfolge gebracht werden.

GREP

Dieses Programm gibt alle Zeilen einer Textdatei aus, die eine bestimmte Zeichenfolge enthalten. Es ist auch möglich, all die Zeilen auszugeben, die diese Zeichenfolge nicht enthalten, zu zählen, wie oft die Zeichenfolge vorkommt und (der Reihe nach) die Zahl der Zeilen auszugeben, in denen die Zeichenfolge erscheint. Zwei oder mehrere Dateien können auf einmal durchsucht werden. Dies ist äußerst nützlich, um festzustellen, welche Dateien z. B. Referenzen auf eine bestimmte Person, einen Ort oder ein Computersymbol enthalten.

SED (stream editor)

Dies ist ein nicht-dialogorientierter Editor. Er benutzt eine Datei, die Anweisungen enthält, und wendet diese auf die Datei an, die geändert werden soll. Steueranweisungen zur Selektion, Wiederholung usw. können als Kommandos angegeben werden, so daß sich ziemlich komplizierte Verarbeitungen durchführen lassen.

AWK

Dieses Programm durchsucht eine Datei nach einer angegebenen Zeichenfolge und führt weitere Verarbeitungen durch. Wir haben bereits das Programm **grep** besprochen, das nach einer Zeichenfolge sucht und das Programm **sed**, das eine Datei verarbeiten kann; **awk** kombiniert diese Programme und besitzt darüberhinaus Funktionen, die die Anwendung erleichtern.

awk verfügt über Steuerungsanweisungen und kann numerische Berechnungen mit Dateien durchführen. Auch Variablen können verwendet werden. Da **awk** nicht so kompliziert ist wie z. B. die Sprache C, können auch Anfänger dieses Programm relativ leicht benutzen.

„grep" Kommando

```
$ grep COMPLEX cpl.c
typedef struct {float re,im;} COMPLEX ;
        COMPLEX  z1,z2,z  ;
COMPLEX  *z1, *z2, *p  ;
COMPLEX  *z1, *z2, *q  ;
COMPLEX  *z1, *z2, *p  ;
```

Dieses Kommando kann z. B. dazu benutzt werden, aus einem sehr langen C-Programm (hier „cpl.c" genannt) alle Zeilen zu extrahieren, die die Zeichenkette „COMPLEX" enthalten

Beispiel für ein AWK Programm

```
#user login name table
#input data file is /etc/passwd.
#NR is a current line number.
BEGIN    { print "****** KUNII LAB. USER LOGIN NAME TABLE ******";
           FS =":"
         }
         {if (NR%3 == 1 || NR%3 == 2) { printf " %10d | %10s",NR,$1  }
                  else  { printf  "%10d | %10s\n",NR,$1 }
         }
END      { print;
           print "total = ",  NR
         }
```

Spiele, CAI, Verschiedenes

Zur UNIX Software der Bell Telephone Laboratories gehört auch eine Anzahl von Spielen. Der Benutzer kann Spiele wie Backgammon, Schach, Dame, Blackjack, Labyrinth usw. gegen den Computer spielen. Da die Programme gut sind, ist der Computer ein starker Gegner, und es ist für den Benutzer schwierig zu gewinnen.

Man kann UNIX auch für CAI (Computer Aided Instruction, Computerunterstützte Unterweisung) benutzen. Dazu gibt es ein Programm namens **learn**. **learn** ist ein Programm, mit dessen Hilfe ein Benutzer UNIX-Kommandos erlernen kann, während er an seinem Terminal sitzt und die Übungsaufgaben löst, die UNIX ihm stellt.

Da sämtliche UNIX-Kommandohandbücher auf externen Datenspeichern gespeichert sind, können sie jederzeit auf dem Terminalbildschirm angezeigt werden. Dadurch entfällt das Problem, unhandliche Handbücher herumtragen zu müssen. Wenn der Benutzer im Augenblick nicht weiß, wie ein Kommando auf dem Computer benutzt wird, braucht er es sich nur auf dem Bildschirm anzeigen zu lassen. Wenn Sie ein neues Kommando erstellen, sollten Sie auch die entsprechende Datei des gespeicherten Handbuchs aktualisieren, da andere Benutzer Ihr Kommando sonst nicht benutzen könnten.

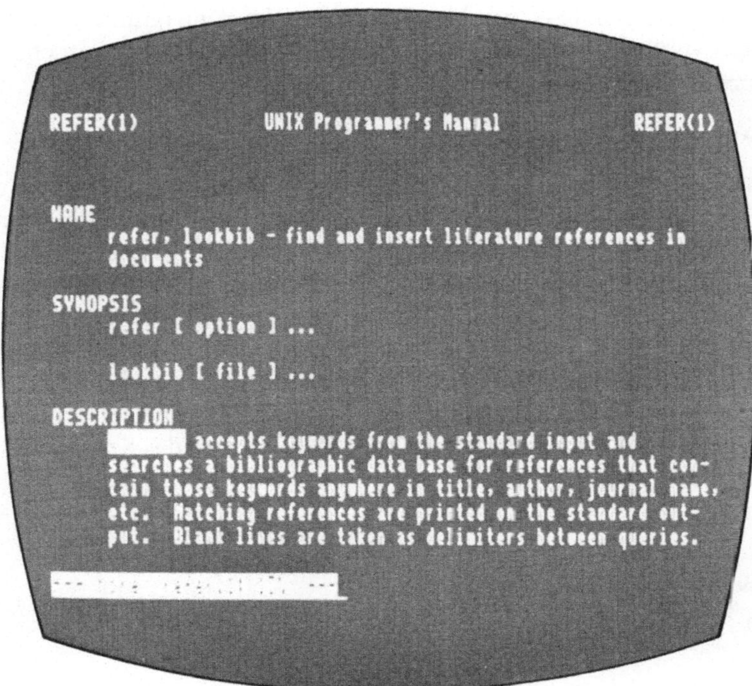

Das Handbuch kann auf dem Bildschirm angezeigt werden

Damit beenden wir unsere Diskussion der grundlegenden UNIX-Software. Es gibt darüberhinaus z. B. Programme, die der Supervisor des Systems für die Datensicherung und Wartung benutzt.

Außerdem gibt es auch eine Anzahl von Grafikpaketen, die zusammen mit dem Grafikterminal Tektronix 4014 benutzt werden können.

Die CSHELL von UCB

Die UCB-Version von UNIX besitzt zusätzlich zu der Kommandointerpreter-Shell einen zweiten Kommandointerpreter namens „cshell". Einige Benutzer bevorzugen diesen Interpreter und benutzen ihn an Stelle der Shell. Die Wahl bleibt dem Benutzer überlassen. Zu den Funktionen der cshell gehören z. B. (gemäß 4 BSD):

- Jobsteuerungsfunktion

Die **cshell** erlaubt es, die Ausführung eines im Hintergrund laufenden Programmes vorübergehend zu unterbrechen; außerdem kann ein Vordergrundjob in einen Hintergrundjob geändert werden.

• Stapeln von Verzeichnissen

Die **cshell** verfügt über einen Stapelspeicher, der es gestattet, die Konfiguration eines Verzeichnisses wieder aufzurufen. Wenn der Benutzer in ein anderes Verzeichnis geht, schiebt er das aktuelle Verzeichnis auf diesen Stapel, und wenn er in das vorige Verzeichnis zurückkehren will, kann er dies durch Angabe seiner Nummer tun. Dies erleichtert den Wechsel zwischen verschiedenen Verzeichnissen.

Die **cshell** verfügt über eine „History"-Funktion, die die ausgeführten Kommandozeilen speichert. Jede Zeile ist numeriert; wird diese Zeilennummer oder ein Teil des Kommandonamens angegeben, so wird das Kommando wieder ausgeführt.

Beispiel einer history-Funktion

```
128  h
129  history
130  write shirota
131  jobs
132  mail
133  awk -f test.a /etc/passwd
134  history
135  awk -f test.a psswd
136  awk -f test.a passwd
137  history
138  vi temp
139  vi test.a
140  cat test.a
141  history
142  ls
143  ll
144  vi test.a
145  history
146  cat temp
147  man awk
148  q
149  history
150  grep comment test.a
151  history
152  history > temp
```

Beispiel einer Shell-Prozedur

```
#         birthday information
set dt = `date`
set month = $dt[2]
set day   = $dt[3]
while(1)
        set line = ($<)
        if ("$line" == "") break
        set line = ($line)
        if ("$month" == "$line[2]" && "$day" == "$line[3]") then
                echo '******************************************'
                if ("$user" == "$line[1]") then
                        echo Happy birthday to you!
                else    echo Today is "$line[1]"\'s birthday!
                endif
                echo '******************************************'
        endif
end
```

Außerdem können diese Kommandos vor der Ausführung verändert werden. Anstatt ein langes kompliziertes Kommando zweimal oder öfter einzugeben, wenn vielleicht nur ein Zeichen geändert werden soll (um z. B. einen Tippfehler zu korrigieren), kann diese Funktion benutzt werden, um Änderungen durchzuführen.

• Kurzbezeichnungen

Kommandozeilen - einschließlich der Optionen und Argumente - können Parallelbezeichnungen erhalten. Das Abkürzen eines langen Kommandonamens (z. B. Ersetzen von „history" durch „h") kann eine Menge Arbeit ersparen.

Die **cshell** entspricht von der Funktion her der Shell, unterscheidet sich jedoch durch die oben genannten Funktionen sowie durch einige weitere Fähigkeiten zur Handhabung von Variablen und durch zusätzliche Kontrollmechanismen („switch"- und „foreach"-Anweisungen usw.).

Ergänzungen zum System III

Die bisher beschriebene Software entspricht der UNIX-Version 7. Jede UNIX-Version enthält etwas andere Programme. Je neuer die Version ist, desto mehr Möglichkeiten bietet sie; die Möglichkeiten der vorigen Versionen bleiben nahezu immer erhalten. Bei den meisten der heute verkauften UNIX-Systeme handelt es sich um die Version 7, obwohl einige Systeme der Version 6 noch in Gebrauch sind.

Eine Version mit dem Namen **UNIX The Programmer's Workbench** (abgekürzt **PWB/UNIX**) enthält weitere Zusatzprogramme, besonders die Programme namens **rje** und **sccs**. Die neueste Version mit der Bezeichnung **System III** kombiniert die Software der Version 7 mit der von PWB/UNIX und enthält darüberhinaus weitere Programme.

Da wir die Programme der Version 7 schon beschrieben haben, wollen wir hier nur die wichtigsten Ergänzungen beschreiben, die über PWB/UNIX zum System III führen.

RJE (remote job entry)

Dieses Programm erlaubt den Anschluß eines Computers, auf dem UNIX läuft, an einen IBM/360- oder IBM/370-Großrechner. Der kleinere UNIX-Computer kann dann dazu benutzt werden, mit dem IBM-Computer zu arbeiten. Die Arbeit wird von UNIX zum IBM-Computer geschickt, und die Ergebnisse werden zurückgeschickt. Mit anderen Worten verhält sich der kleinere Computer mit UNIX so wie ein Ein-/Ausgabegerät (z. B. Kartenlesegerät und Drucker) für den IBM-Computer.

SCCS (source code control system)

Selbst durch kleine Änderungen in einem Quellprogramm können sich eine Reihe verschiedener Versionen ergeben. Wenn alle diese Versionen gespeichert würden, könnte die Speicherkapazität bald erschöpft sein. Dies ist einer der Gründe dafür, daß das **diff**-Kommando zur Unterstützung des Editierens geschaffen wurde. Dadurch ist es möglich, nur ein Originalprogramm sowie die Unterschiede zu speichern und daraus nach Bedarf die verschiedenen Versionen zu erzeugen.

sccs ist eine erheblich erweiterte Version von **diff**. **sccs** dient nicht nur zum Speichern der notwendigen Information und zum Restaurieren von Dateien, sondern führt auch Buch darüber, wann eine Version erstellt wurde, von wem und zu welchem Zweck sie erstellt wurde. Diese Informationen sind sehr nützlich für die Programmwartung.

Neben den üblichen Sprachen (C und FORTRAN) steht unter dem System III SNOBOL zur Verfügung. SNOBOL ist eine weit verbreitete Sprache zur Symbolverarbeitung, die sich besonders gut für die Verarbeitung von Zeichenketten eignet.

Die gesamte bisher beschriebene Software stellt die Grund-Software dar, die in Forschungseinrichtungen entwickelt worden ist. Daneben gibt es eine ganze Menge weiterer Software auf dem Markt. Außerdem bieten verschiedene Firmen Software an, die es ermöglicht, Computersprachen wie COBOL, BASIC, FORTRAN und PASCAL zu verwenden. Man darf erwarten, daß Softwarefirmen weiterhin für neue UNIX-Software sorgen werden.

Verschiedenes

Voll-Duplex-Kommunikation

Da für die Kommunikation zwischen einem Terminal und dem Computer, auf dem UNIX läuft, ein **Voll-Duplex- System** benutzt wird, sind die Übertragungen

vom Terminal zum Computer vollkommen unabhängig von den Übertragungen vom Computer zum Terminal.

Dadurch ist es möglich, Eingaben über die Tastatur zu machen, ohne auf eine Antwort vom Computer warten zu müssen. Ohne diese Möglichkeit könnte ein Benutzer, der schnell tippen kann, die Eingabe eventuell nicht mit seiner üblichen Geschwindigkeit vornehmen; durch dieses Merkmal ist UNIX leichter zu benutzen als andere Systeme, die es nicht besitzen. Insbesonders beim Editieren werden von UNIX keine Eingabeanforderungen verwendet, um eine fließende Eingabe zu ermöglichen.

Wenn jedoch die Eingabe schneller erfolgt als die Rückmeldungen von UNIX, können beide auf dem Bildschirm gemischt erscheinen.

UNIX läuft auf relativ kleinen Computern

Eines der Hauptmerkmale von UNIX ist seine Einfachheit. Dadurch ist es leicht, das System zu verstehen und es zu erweitern.

Der **Kern**, gewissermaßen das Herz des UNIX-Systems, bleibt dauernd im Hauptspeicher. Er ist z. B. für folgende Aufgaben zuständig:

- Speichereservierung für die verschiedenen Arbeitsabläufe
- Parallelverarbeitung mit dem Time-sharing System
- Überwachung des Dateisystems
- Ein-/Ausgabe zu/von externen Speichereinheiten und Ein-/Ausgabegeräten

Dieser Kern ist ziemlich kompakt und benötigt nur 60 bis 80 Kilobytes an Speicher. Aus diesem Grund ist die für UNIX notwendige Hauptspeicherkapazität relativ gering, so daß UNIX auf recht kleinen Computern laufen kann. Von Bell Telephone Laboratories gibt es das System III für die folgenden Computer. Hinter dem Namen der einzelnen Computer ist die notwendige Hauptspeicherkapazität angegeben, die das System III benötigt.

PDP-11/23	256 Kilobytes
PDP-11/34	256 Kilobytes
PDP-11/45	256 Kilobytes
PDP-11/44	0.5-1 Megabytes
PDP-11/70	0.5-1 Megabytes
PDP-11/780	1-2 Megabytes

Das System ist leicht übertragbar

Die Problemlosigkeit, mit der UNIX auf neue Maschinen übertragen werden kann, ist einer der Hauptgründe, die zu seiner Verwendung auf Großcomputern und weitgehend auf 16-Bit-Mikrocomputern geführt haben. Da nahezu das gesamte UNIX-System, einschließlich des Kerns, in der Sprache C geschrieben ist, kann das System leicht erweitert oder auf eine neue Maschine übertragen werden. Wenn die Zielmaschine über einen C-Compiler verfügt, können die C-Programme des UNIX-Systems übersetzt werden und auf dieser Maschine laufen. Wenn diese Arbeit vollständig in Assembler erfolgen müßte, so wäre dies außerordentlich aufwendig. Da UNIX jedoch in der höheren Programmiersprache C geschrieben ist, ist die Maschinenabhängigkeit nur sehr gering, so daß nur diese wenigen Teile in Assembler geschrieben werden müssen.

Da UNIX so leicht auf neue Maschinen übertragen werden kann, nimmt die Verbreitung auf 16-Bit- und 32-Bit-Mikrocomputern beständig zu. In den nächsten Jahren werden viele weitere 32-Bit-Mikrocomputer verkauft werden, von denen viele -zig Megabyte an internem Speicher haben werden sowie Chips, die Fließkommaoperationen ausführen können. In dieser Situation ist zu erwarten, daß die leichte Übertragbarkeit von UNIX auf neue Maschinen einen wichtigen Faktor für seine weitere Verbreitung darstellt.

Um UNIX mit neuartigen Peripheriegeräten benutzen zu können, wird es notwendig sein, den Kern zu verändern. Da der Kern in C geschrieben ist, dürften sich alle notwendigen Änderungen leicht durchführen lassen.

UNIX ist ein leistungfähiges Betriebssystem, das zahlreiche Dienstprogramme in einer höheren Programmiersprache enthält und in der Lage ist, mehrere Programme gleichzeitig zu verarbeiten. Zu den vielen Anwendungsmöglichkeiten gehören die Büro-Automatisation, Netzwerk-Steuerung und die Steuerung von numerisch gesteuerten Maschinen. Da UNIX auch über hervorragende Fähigkeiten als Programm-Entwicklungssystem verfügt, dürfte es sich in der Zukunft noch weiter verbreiten. UNIX bietet eine bessere Programmierumgebung für seine zahlreichen Benutzer.

Schlußbemerkung der Autoren

Hat dieses Buch Ihnen dabei geholfen, UNIX zu verstehen? Wenn ja, wären wir sehr glücklich. Wir haben versucht, unser Bestes bei der Erstellung des Textes und der Beispiele zu geben. Damit hoffen wir, den Anforderungen von Führungskräften zu entsprechen, gemeinsam mit ihren Mitarbeitern Strategien und Konzepte für die Entwicklung von Software zu erarbeiten. Für uns war dies eine angenehme und aufschlußreiche Aufgabe, die wir im beständigen Dialog mit unseren Freunden, Führungskräften aus Unternehmen, erfüllt haben.

Während wir dieses Buch schrieben, interessierten wir uns selbst immer mehr dafür, UNIX zu benutzen. Die freundlichen Mitarbeiter von Chuo Electronics Co., Ltd. boten uns die Gelegenheit dazu, indem sie ihren CE8000 Computer zur Verfügung stellten. Wir möchten ihnen dafür danken und auch für ihre Bereitschaft, mit der sie uns Informationen über UNIX zugänglich machten.

Die folgenden Personen haben uns beim Verfassen dieses Buches sehr geholfen: Kazunori Yamaguchi, Research Associate von der University of Tokyo, sowie Atsushi Iizawa und Katsumi Kanasaki von der Ricoh Company, Ltd.

Es ist unmöglich, all die anderen Personen anzuführen, die uns beim Schreiben dieses Buches geholfen haben, doch möchten wir ihnen allen für ihre Hilfe danken. Die kritischen Anmerkungen des Associate Professor Kigben Hasebe der University of Library and Information Science und des graduierten Studenten Jun Murai von der Keio University über einige unklare Stellen in der ersten japanischen Ausgabe waren den Autoren eine große Hilfe in ihrem Bemühen nach einer guten Verständlichkeit.

Wir hoffen, daß Ihnen dieses Buch nutzen kann, wenn Sie mit der gemeinsamen Entwicklung von Konzepten für die Erstellung von Software beginnen.

Yukari Shirota
Tosiyasu L. Kunii

Literatur

Bourne SR (1982) The UNIX system. Addison-Wesley, Massachusetts

Christian K (1983) The UNIX operating system. John Wiley & Sons, New York

Comer D (1984) Operating system design - the XINU approach. Prentice-Hall, New Jersey

Dolotta TA, Haight RC (1977) PWB/UNIX overview and synopsis of facilities. Bell Laboratories, New Jersey

Dolotta TA, Haight RC, Mashey JR (1978) UNIX timesharing system: the programmer's workbench. Bell System Technical Journal 57: 2177-2200

Gauthier RL (1981) Using the UNIX system. Prentice-Hall, Reston, Virginia

Hwang K, Wah BW, Briggs FA (1981) Engineering computer network (ECN): a hard-wired network of UNIX computer systems. In: AFIPS, National Computer Conference, vol 50. AFIPS Press, Arlington, Virginia

Ishida H (1983) UNIX (in Japanisch). Kyoritsu Shuppan, Tokyo

Johnson SC, Ritchie DM (1978) Unix time-sharing system. Bell SystemTechnical Journal 57: 2021-2048

Kernighan BW, Pike P (1984) The UNIX programming environment. Prentice-Hall, New Jersey

Kernighan BW, Ritchie DM (1978) The C programming language. Prentice-Hall, New Jersey

Mason J, Shaw G (1981) Implementing ethernet from soup to nuts. Data Communications, December: 74-80

Meijer A, Peeters P (1981) Computer network architectures. Pitman Books, London

Naemura K, Tabata K, Asano S (1980) Computer network technology (in Japanisch). Information Processing Society, Tokyo

Plum T (1983) Learning to program in C. Prentice-Hall, New Jersey

Programmer's manual for UNIX system III, vols 2 A, 2 B (1981) Western Electric Company, North Carolina

Saito N, Takeichi M, Ishihata K (1982) C - language and programming (in Japanisch). Sangyo Tosho, Tokyo

Silvester PP (1984) The UNIX system guidebook. Springer-Verlag, New York

Sobell MG (1984) A practical guide to the UNIX system. The Benjamin/Cummings Publishing, Menlo Park, California

Tanenbaum AS (1981) Network protocols. In: ACM Computer Surveys, vol 13. Association for Computing Machinery, New York

The UNIX system encyclopedia (1984) Yates Ventures, Los Altos, California

Thomas R, Yates J (1982) A user guide to the UNIX system. McGraw-Hill, Berkeley, California

UNIX programmer's manual, vol 2C (1983) Department of Electrical Engineering and Computer Science, University of California, Berkeley, California

UNIX time-sharing system: UNIX programmer's manual, revised and expanded version (1983) Bell Laboratories (ed) Holt, Rinehart and Winston, New York

UNIX time-sharing system: UNIX programmer's manual, 7th edn, vols 1, 2A, 2B (1979) Bell Laboratories, New Jersey

Glossar*

Begriffe in *Kursivschrift* verweisen auf einen eigenen Eintrag. Die Seitenzahlen am Ende eines Eintrages beziehen sich auf die einschlägigen Stellen im Text.

Anmelden

(*Login*). Durch Eingabe Ihres Namens (und eventuell zusätzlich eines *Passwort*es) weisen Sie sich dem *Computer* gegenüber als berechtigter Benutzer aus (*Zugangsberechtigung*). S. 112-114

Assembler

Ein *Übersetzungsprogramm*, das das Programmieren in *Maschinensprache* unterstützt. Im Gegensatz zu einer „höheren" oder „problem-orientierten" *Programmiersprache* aber „maschinen-orientiert". Unterscheidet sich von der *Maschinensprache* dadurch, daß die einzelnen Befehle, die der *Computer* direkt ausführen kann, einen symbolischen Namen bekommen.

Baumstruktur

Hierarchische Struktur

Benutzerverzeichnis

Verzeichnis. S. 83-84

Betriebssystem

(operating system). Ein *Programm*, das die Grundfunktionen eines *Computers* steuert, wie z.B. das Speichern auf oder das Lesen von Magnetplatte, den Ablauf von Programmen überwacht (*Ein-* oder *Mehrplatzbetrieb*) etc. Mit dem Betriebssystem *UNIX* können mehrere Benutzer gleichzeitig an einem Computer arbeiten (*Mehrbenutzerbetrieb*), wobei jeder Benutzer wiederum mehrere Programme gleichzeitig laufen lassen kann (*Mehrprogrammbetrieb*). Dies ist mit dem auf *PC*s (*Personal Computer*n) üblichen Betriebssystem MS-DOS z.B. nicht möglich, da es sich hierbei um ein Einplatzbetriebssystem handelt, unter dem jeweils nur ein einziges Programm laufen kann. S. 5-7, 31-33

---

* Für die deutsche Ausgabe zusammengestellt vom Übersetzer, H. Sterner.

Bildschirm

(*Monitor*). Standard-Ausgabegerät für einen *Computer*, der im *Dialogbetrieb* benutzt wird. Wird zusammen mit dem Standard-Eingabegerät, der *Tastatur*, als *Terminal* bezeichnet. S. 27-28

Byte

Einheit für die *Speicherkapazität*. Ein *Byte* entspricht einem Zeichen (z. B. einem Buchstaben). Größere Einheiten sind Kilobyte, abgekürzt KB (ca. 1000 Bytes, genau: $2^{10} = 1024$ Bytes), Megabyte, abgekürzt MB (ca. 1 Million Bytes, genau: 1000 KB). S. 24

C

Die *Programmiersprache*, in der der größte Teil des *Betriebssystems* *UNIX* geschrieben ist. S. 63-67

Compiler

Übersetzungsprogramm, das ein beliebiges in einer höheren *Programmiersprache* (z. B. *C*) geschriebenes *Programm* in die *Maschinensprache* des *Computers* übersetzt. Mit einem Compiler wird (im Gegensatz zu einem *Interpreter*) ein Programm „am Stück" übersetzt und kann dann ausgeführt werden. S. 30

Compiler-Compiler

Kein Schreibfehler, sondern ein *Programm* zum Erzeugen von *Compilern*. S. 72-73

Computer

„Computer" ist eigentlich nur ein englisches Wort für „Rechner". Allerdings kann ein Computer keineswegs nur mit Zahlen umgehen (wie z. B. ein Taschenrechner) sondern auch mit Texten, allgemein mit „*Daten*". Diese Daten können erfaßt, gespeichert, verarbeitet (z. B. sortiert) und wieder ausgegeben werden. Das Einsatzgebiet heißt dementsprechend „Datenverarbeitung" (DV). S. 18-20

CPU

Abkürzung für „Central Processing Unit", Zentraleinheit eines *Computers*. In *Mikrocomputer*systemen besteht die CPU (im Gegensatz zu Groß- und Minicomputern) aus einem einzigen Baustein, dem *Mikroprozessor*. S. 18, 20-22

Datei

Eine Datei (im *Computer*) entspricht im Grunde einer Kartei (aus Papier). Die Darstellung einer Datei besteht letztlich aus einer beliebigen Folge von Zeichen (Buchstaben, Ziffern und Sonderzeichen). S. 78-79
Unter *UNIX* kann man drei Arten von Dateien unterscheiden:

- Normale Dateien: Das sind die Dateien, in denen Daten oder *Programme* gespeichert sind.

- Dateiverzeichnisse: Diese Dateien enthalten Verweise auf weitere Dateien. Die Struktur dieser Verzeichnisse ist hierarchisch.
- Gerätedateien: Diese „speziellen Dateien" stehen für *Peripheriegeräte* wie z.B. *Drucker, Bildschirm* etc. Auf diese Weise ist es möglich, diese „speziellen Dateien" genauso zu behandeln wie „normale Dateien". S.91-93

Es gibt verschiedene Zugriffsmöglichkeiten auf eine Datei (Lesen, Schreiben, Ausführen (von Programmdateien)), die für einen einzelnen Benutzer oder auch für eine Benutzergruppe gelten können. Dem Datenschutz dient auch die Möglichkeit der Verschlüsselung von Dateien. S.86-89

Hierarchische Struktur, Pfadname, Systemdatei

Daten

Daten sind Buchstaben, Ziffern und Sonderzeichen oder Zusammensetzungen von Daten.

Datenbank

Eine Datenbank besteht aus einer - meist sehr umfangreichen - Sammlung von *Daten* sowie entsprechenden *Programmen* zur Ein-/Ausgabe, Verwaltung und Verarbeitung. S.8, 53-55

Dialogbetrieb

Im Dialogbetrieb werden *Programme* und Daten (im Gegensatz zur *Stapelverarbeitung*) interaktiv verarbeitet. Dabei reagiert der *Computer* direkt auf jede Eingabe des Benutzers.

Diskette

Die *Diskette* ist eine flexible Magnetscheibe zur Speicherung von Daten und *Programmen.* Wie bei allen Plattenspeichern erfolgt der *Zugriff* direkt. Ihre Kapazität (von einigen 100 KB bis ungefähr 1 MB) ist geringer als die einer *Festplatte* (ca. 10 MB bis einige 100 MB). Außerdem erfolgt das Laden und Speichern bei einem Diskettenlaufwerk erheblich langsamer als bei einem Festplattenlaufwerk.
Vorteile der Diskette gegenüber der Festplatte: Sie ist billiger und besser zum Datenaustausch geeignet. S.23-24

Drucker

Das Ausgabe-Gerät, wenn Sie's „schwarz auf weiß" (oder auch farbig) auf Papier haben wollen.
Drucker gibt es in (fast) jeder gewünschten Qualität und Geschwindigkeit.
Die wichtigsten Druckertypen sind zur Zeit:

- Matrix- (oder Nadel-)drucker: Hierbei wird das Schriftbild aus mehreren Punkten (üblich sind 9 bis 24 Nadeln; je mehr Nadeln, desto besser das Schriftbild) zusammengesetzt. Typische Geschwindigkeiten:
  ca. 80-250 Zeichen/Sekunde.
- Typenraddrucker: Diese Drucker arbeiten im Prinzip wie Typenradschreibmaschinen; in der Regel sind Sie allerdings schneller als sie. Typi-

sche Geschwindigkeiten: ca. 10-80 Zeichen/Sekunde. Mit über 50 Zeichen/Sekunde sind sie schon recht teuer. Wenn Sie es also sehr eilig haben und das Ergebnis mindestens Typenrad-Qualität haben soll, wäre der folgende Druckertyp zu empfehlen, der

- Laserdrucker: Bei Laserdruckern wird das Schriftbild mit Hilfe eines Laserstrahls erzeugt. Die Qualität kommt nahezu an die Qualität des Fotosatzes heran (typische Auflösung: 300 Punkte/Zoll). Da selbst ein kleineres Tischgerät etwa 8 Seiten in der Minute ausdrucken kann und der Druckvorgang zudem fast geräuschlos ist, sollten Sie sich so etwas zu Weihnachten wünschen. Die sinkenden Preise (z.Z. etwa DM 6000 bis 100000) könnten Ihrem Wunsch entgegenkommen. S.28

Echtzeitverarbeitung

(real-time processing). *UNIX* selbst ist für die Echtzeitverarbeitung von Signalen (wie sie z.B. in einem Labor anfällt) nicht direkt vorgesehen. S.74-75

Editor

Ein *Programm*, mit dem man Texte im *Computer* erfassen, also eingeben, bearbeiten und ausgeben kann. S.7, 68-69

Einplatzbetrieb

An den meisten kleineren Computern kann nur jeweils ein Benutzer arbeiten. Dies liegt einerseits an der nicht so leistungsfähigen *Hardware* dieser *Computer*, andererseits vor allem am *Betriebssystem*. Das „Standard-Betriebssystem" (MS-DOS) bei den sogenannten *„Personal Computern"* ist z.B. nur einplatzfähig.

Elektronische Post

Möglichkeit des Nachrichtenaustausches zwischen den Benutzern. S.39-41, 120

Ersetzungszeichen

Bei der Angabe von *Datei*namen können bestimmte Sonderzeichen ein ('?') oder mehrere ('*') Zeichen von Dateinamen ersetzen. S.102-103

Festplatte

Eine (im Gegensatz zur *Diskette*) nicht flexible Magnetplatte, auf der Daten und *Programme* gespeichert werden können. Platten haben eine höhere Speicherkapazität (ca. 10 MB bis zu einigen 100 MB) und sind schneller als Disketten, die allerdings zum Datenaustausch besser geeignet sind. S.25-26

Hauptspeicher

Interner *Speicher* mit direktem Zugriff. Ein *Programm*, das üblicherweise extern auf einer Magnetplatte (dauerhaft) gespeichert ist, muß zur Ausführung in den (flüchtigen) Hauptspeicher (auch: Arbeitsspeicher) des *Computer*s geladen werden.

Hardware

Im Prinzip all das, was Sie anfassen können, also der *Computer* selbst und die *Peripherie*geräte.

Hierarchische Struktur

Das *Verzeichnis* der *Datei*en ist in *UNIX* hierarchisch strukturiert: es gibt ein Hauptverzeichnis, das Verzweigungen zu Unterverzeichnissen enthält, die selbst wieder Verzweigungen zu Unterverzeichnissen enthalten können usw. Der Name einer Datei ist somit erst dann eindeutig bestimmt, wenn der gesamte *Pfadname,* also der Name der Datei mit allen vorhergehenden Verzeichnisnamen, angegeben wird. Wenn z.B. für jeden Benutzer ein eigenes Verzeichnis existiert, ist jeder Benutzer in der Wahl der Dateinamen völlig frei: der Dateiname TEST im Verzeichnis A bezeichnet eben eine ganz andere Datei als der Dateiname TEST im Verzeichnis B. S.79-81

Hintergrundverarbeitung

UNIX gestattet den gleichzeitigen Ablauf mehrerer *Programme* auf einem *Computer* (*Mehrprogrammbetrieb*). Das Programm, mit dem der Benutzer im aktuellen Dialog steht, läuft im Vordergrund, die anderen im Hintergrund. S.11-12, 110

Interface

Schnittstelle

Interpreter

Übersetzungsprogramm, das ein beliebiges in einer höheren *Programmiersprache* geschriebenes *Programm* in die *Maschinensprache* des *Computer*s übersetzt. Mit einem Interpreter werden (im Gegensatz zum einem *Compiler*) die einzelnen Anweisungen während der Ausführung übersetzt: d.h. wenn sich eine Anweisungsfolge in einem Programm 1000-mal wiederholt, wird sie durch einen Interpreter auch 1000-mal neu übersetzt. Dies vereinfacht die Berücksichtigung dynamischer Veränderungen der von den Anweisungen betroffenen Daten im Vergleich zum Compiler, geht aber auf Kosten der Zeit. Typisches Beispiel für eine „Interpretersprache“ ist BASIC (allerdings gibt es auch BASIC-Compiler). S.30

Kommando

Eine Anweisung an den *Computer.* S.9

Kompatibilität

Zwei *Computer* sind miteinander kompatibel (also bau- oder funktionsgleich), wenn auf ihnen die gleichen *Programme* laufen. Dies ist z.B. bei *UNIX*-Systemen (weitgehend) der Fall: Die Computer können von verschiedenen Herstellern stammen, und trotzdem können auf beiden Computern die gleichen Programme benutzt werden. (Vollständige Kompatibilität ist allerdings mehr ein Traum des Computerbenutzers als eine Realität.)

Login

Anmeldeprozedur. (Vgl. *Anmelden, Zugangsberechtigung*). S. 112-114

Magnetband

Speichermedium mit sehr hoher Kapazität - da der Zugriff nur sequentiell erfolgen kann, allerdings sehr langsam. Magnetbänder werden zur Speicherung sehr großer Datenmengen und zur Sicherung von Platten verwendet. S. 26

Maschinensprache

Die Sprache, die ein *Computer* letztlich „versteht", d. h. deren Anweisungen er direkt ausführen kann. Sie unterscheidet sich sehr stark zwischen den verschiedenen Computersystemen. Deshalb ist für die Übersetzung eines in einer höheren *Programmiersprache* (wie z. B. C) geschriebenen *Programms* in die jeweilige Maschinensprache immer ein zu dieser Maschine passendes *Übersetzungsprogramm*, ein *Compiler*, nötig (vgl. *Assembler*). S. 30

Mehrbenutzerbetrieb

(multi-user). Mehrere Benutzer können gleichzeitig an einem *Computer* arbeiten. Dies ist z. B. mit dem *Betriebssystem UNIX* möglich. S. 5-6

Mehrprogrammbetrieb

(multi-tasking, multi-programming). Ein Benutzer kann gleichzeitig mehrere Programme ablaufen lassen. Das *Betriebssystem UNIX* erlaubt auch den Mehrprogrammbetrieb. S. 5-7

Mikrocomputer

Ein *Computer*, dessen *Zentraleinheit* aus einem einzigen Baustein, dem *Mikroprozessor*, besteht.

Mikroprozessor

Ein Baustein zur Steuerung und Verarbeitung von Daten. Ein Mikroprozessor stellt die *Zentraleinheit* (*CPU*) eines *Mikrocomputer*s dar.

Modem

Modulator/Demodulator. Verbindungsgerät zum Anschluß eines *Computer*s oder *Terminal*s an eine Telefonleitung. S. 27

Monitor

Bildschirm

Netzwerk

Ein System von miteinander verbundenen *Computer*n oder *Terminal*s, durch das die angeschlossenen Stationen Daten übertragen können. S. 55-57

Passwort

Ein Kennwort, mit dem der Benutzer sich die *Zugangsberechtigung* zum *Computer* verschafft. S. 114

PC

Abkürzung für *Personal Computer.*

Peripherie

Das „Drumherum“ um den *Computer*: *Drucker, Terminals*, externe *Speicher* etc.

Personal Computer

(„Persönlicher Computer“, abgekürzt *PC*). Eine nicht exakt definierte Bezeichnung für kleinere Computersysteme, die in der Regel nur einen Arbeitsplatz unterstützen.

Pfadname

Der „vollständige“ Name einer *Datei*, der auch die Namen der jeweiligen Verzeichnisse enthält. S.90

Pipe(line)

Die Ausgabe eines *Programm*es wird zur Eingabe eines anderen Programmes ohne daß der Benutzer eine Zwischenspeicherung der Daten veranlassen muß. S.63, 105-109

Plotter

Ein vom *Computer* gesteuertes Zeichengerät, mit dem grafische Darstellungen zu Papier gebracht werden können. S.28

Programm

S. 28-29

Programmiersprache

Programmiersprachen dienen dazu, einem *Computer* mitzuteilen, was er tun soll. Da diese Anweisungen ganz exakt formuliert werden müssen, können „natürliche“ Sprachen nicht direkt benutzt werden. Man unterscheidet grundsätzlich zwischen „höheren“ oder „problem-orientierten“ Programmiersprachen und „maschinen-orientierten“ Maschinensprachen (*Assembler*). Während die höheren Programmiersprachen (z. B. C, FORTRAN, COBOL) eine problemnahe Formulierung erlauben, ist die *Maschinensprache* quasi die „Muttersprache“ eines Computers: Alle anderen Sprachen müssen in die jeweilige Maschinensprache eines Computers übersetzt werden. Der *Übersetzer* kann ein *Interpreter* oder ein *Compiler* sein. S.29-31, 122-124

RAM

(Random Access Memory), Schreib-/Lesespeicher, flüchtiger Speicher mit wahlfreiem Zugriff. Der *Hauptspeicher* ist z. B. ein RAM-Speicher. S.22

ROM

(Read Only Memory). Nur-Lese-Speicher: nicht-flüchtiger Speicher, in dem z. B. Teile des *Betriebssystems* gespeichert sein können. S.22

Schnittstelle

S. 60-61

Shell

Die Shell (Schale) ist ein *Programm,* das die an das *UNIX*-System gegebenen Kommandos interpretiert und diese dann in einer Form an den *Computer* weiterleitet, daß er sie „verstehen" kann. Im Grunde ist die Shell auch eine höhere *Programmiersprache,* denn es ist auch möglich, Befehlsfolgen (Shell-Prozeduren) zu gebrauchen, deren Ablauf z. B. auch durch Verzweigungen bestimmt sein kann (S. 104). S. 99-100, 117

Software

Software ist ein englischer Begriff für *Programm* (Programmsystem). Man kann unterscheiden zwischen der

- Systemsoftware und der
- Anwendersoftware.

Mit Systemsoftware ist nichts anderes als das *Betriebssystem* gemeint; Anwendersoftware sind z. B. Buchhaltungsprogramme.

Speicher

- intern: *Hauptspeicher.* S. 19, 20-21
- extern. S. 23-26

Speicherkapazität

Die Einheit für die Speicherkapazität heißt *Byte.* In einem Byte kann man ein Zeichen (z. B. einen Buchstaben) speichern. S. 24-26

Stapelverarbeitung

Ein „Stapel" von zuvor angegebenen Programmen und Daten wird der Reihe nach abgearbeitet. Im Gegensatz zum *Dialogbetrieb* findet die Verarbeitung hier also nicht interaktiv statt.

Systemdatei

Eine *Datei,* die *Programm*e oder *Daten* enthält, die zum *Betriebssystem* gehören. S. 94-97

Tastatur

Standard-Eingabegerät im *Dialogbetrieb.*

Terminal

Bildschirmgerät mit Tastatur (Standard-Ein-/Ausgabegerät). S. 27

Textverarbeitung

S. 8, 42-53

Time sharing

Mehrere Programmaufträge können zur gleichen Zeit auf einem *Computer* ausgeführt werden. Dabei wird für jedes *Programm* der Reihe nach ein „Scheibchen" von der Rechenzeit abgeschnitten. S. 6-7

Übersetzer

Ein Übersetzungsprogramm (*Compiler, Interpreter*) übersetzt ein in einer höheren *Programmiersprache* geschriebenes *Programm* in die computereigene *Maschinensprache,* damit der *Computer* es „verstehen" (d.h. ausführen) kann. S.29-31

Übersetzungsprogramm

s. *Übersetzer*

UNIX

Ein *Betriebssystem,* das es mehreren Benutzern gleichzeitig erlaubt, an einem *Computer* zu arbeiten (*Mehrbenutzerbetrieb*). Jeder Benutzer wiederum kann mehrere *Programme* gleichzeitig ablaufen lassen (*Mehrprogrammbetrieb*). S.2-16
- Entwicklung S.12-15
- Versionen S.14

Verzeichnis

(oder Katalog) heißt die Liste der *Programm*e und sonstigen *Datei*en, die in einer bestimmten Position innerhalb der hierarchischen Struktur des Dateisystems erreichbar sind.

Vordergrundverarbeitung

s. *Hintergrundverarbeitung*

Zentraleinheit

s. *CPU*

Zugangsberechtigung

UNIX erwartet von einem Benutzer, der mit dem *Computer* arbeiten will, daß er sich ausweist: Der Benutzer muß seinen Namen und ein Passwort eingeben. Dieser Anmeldevorgang wird auch als *Login*-Prozedur bezeichnet. S.112-114

Zugriff, direkter

Bei Disketten- und Plattenspeichern erfolgt der Zugriff auf einen bestimmten Teil der Platte direkt, d.h. es muß nicht die gesamte Platte gelesen werden, um zu einer bestimmten Stelle zu gelangen (wie beim *Magnetband,* das nur einen sequentiellen Zugriff erlaubt).

Springer Compass

Herausgegeben von G. R. Kofer, P. Schnupp und H. Strunz

J. Gulbins: UNIX. Eine Einführung in Begriffe und Kommandos von UNIX Version 7, System III und System V. Zweite, vollständig überarbeitete und erweiterte Auflage. IX, 556 S. 1985

N. Wirth: Programmieren in Modula-2. Übersetzt aus dem Englischen von G. Pfeiffer. XIV, 220 S., 2 Abb. 1985

W. Reisig: Systementwurf mit Netzen. XII, 125 S., 139 Abb. 1985

K. Kurbel: Programmierstil in Pascal, Cobol, Fortran, Basic, PL/1. XII, 328 S., 52 Abb. 1985

J. Nehmer: Softwaretechnik für verteilte Systeme. XIII, 185 S., 66 Abb. 1985

T. Baggenstos, R. Marty, B. Mergler, P. Schnorf: UNIX als Basis für Softwareentwicklung. X, 199 S., 124 Abb. 1985

P. Schnupp, U. Leibrandt: Expertensysteme - Nicht nur für Informatiker. VIII, 140 S., 31 Abb. 1986

J. Bechlars, R. Buhtz: GKS in der Praxis. XIV, 379 S., 50 Abb. 1986

R. Franck: Rechnernetze und Datenkommunikation. XII, 254 S., 75 Abb. 1986

J. Hansel, G. Lomnitz: Projektleiter-Praxis. Erfolgreiche Projektabwicklung durch verbesserte Kommunikation und Kooperation. Ein Arbeitsbuch XII, 224 S., 23 Abb. 1987

G. Goos, G. Persch, J. Uhl: Programmiermethodik mit Ada. VIII, 160 S. 1987

P. Schnupp, C. T. Nguyen Huu: Expertensystem-Praktikum. X, 360 S. 102 Abb. 1987

Y. Shirota, T. L. Kunii: UNIX für Führungskräfte. Ein umfassender Überblick. XIII, 157 S., 147 überwiegend zweifarbige Abb. 1987

J. Shore: Der Sachertorte-Algorithmus und andere Mittel gegen die Computerangst. XVIII, 252 S., 7 Abb. 1987